浦賀奉行所

西川武臣著

有隣堂発行
有隣新書——76

浦賀湊　『相中留恩記略』より
国立公文書館所蔵

はじめに

本書は、幕末維新期の浦賀奉行所と奉行所を舞台に活躍した人々の姿を紹介したものである。一九世紀初頭の日本は国際的に孤立状態（鎖国）にあり、オランダ・中国・朝鮮・琉球を除く国とは交流していなかった。しかし、この頃から日本との通商を求める西欧諸国の船が日本近海を航行するようになり、なかには武力に訴えても日本の「開国・開港」を迫ろうとする国もあらわれた。また、イギリスやアメリカの捕鯨船の来航も相次ぎ、幕府はその対応に追われた。特に将軍のお膝元である江戸への異国船の接近を防ぐことは重要な問題であり、この時期から東京湾とその周辺地域にはいくつもの砲台（台場）や軍事施設が設置されるようになった。

ところで、浦賀奉行所は江戸を防衛するにあたってもっとも大きな役割を果たした役所で、この役所は「首都防衛」の要であった。そもそも浦賀奉行所は、享保五年（一七二〇）に三浦半島の中程に位置する浦賀に設置された奉行所で、もともとは東京湾に出入りする日本の船を監視するという「海の関所」としての機能を持った役所であった。東京湾の入口に位置する浦賀の丘に登れば対岸の房総半島まで見通すことができ、この町は「海の関所」を置くためには最適の立地条件を備えていた。そのため東京湾への異国船の来航が相次ぐようになると、「海の関所」が置かれた町は海を守るための拠点としても機能するようになった。本書は、この点について詳しく紹介している。

その後、安政元年（一八五四）になると、日本はアメリカ合衆国と日米和親条約を結んだが、この時、浦賀奉行所の人々（与力や同心）がペリーとの交渉に大活躍することになった。また、日本は安政五年（一八五八）にアメリカ・オランダ・ロシア・イギリス・フランスと通商条約を結び、国際社会の荒波に乗り出したが、その時、従来、海防に従事してきた浦賀奉行所の人々は、新たな活躍の場所を与えられることになった。その多くはそれまでの経験を活かし幕府海軍の創建に携わったが、中には横浜開港後、外国人が住む町となった横浜で、神奈川奉行所の役人として外交の最前線で働いた者もいた。本書では日本の国際化が進展する中で、浦賀奉行所の与力や同心をつとめた人々が、どのように日本の近代化を支えたのかについても紹介している。

現在の浦賀（横須賀市浦賀、京浜急行浦賀駅下車）はどこにでもあるような小さな港町にすぎないが、本書を読むことによって、かつてこの町が幕末維新の歴史の中で大きな位置を占めていたことを知っていただければと思う。

《目次》

三浦半島・浦賀の位置と本書関連地図

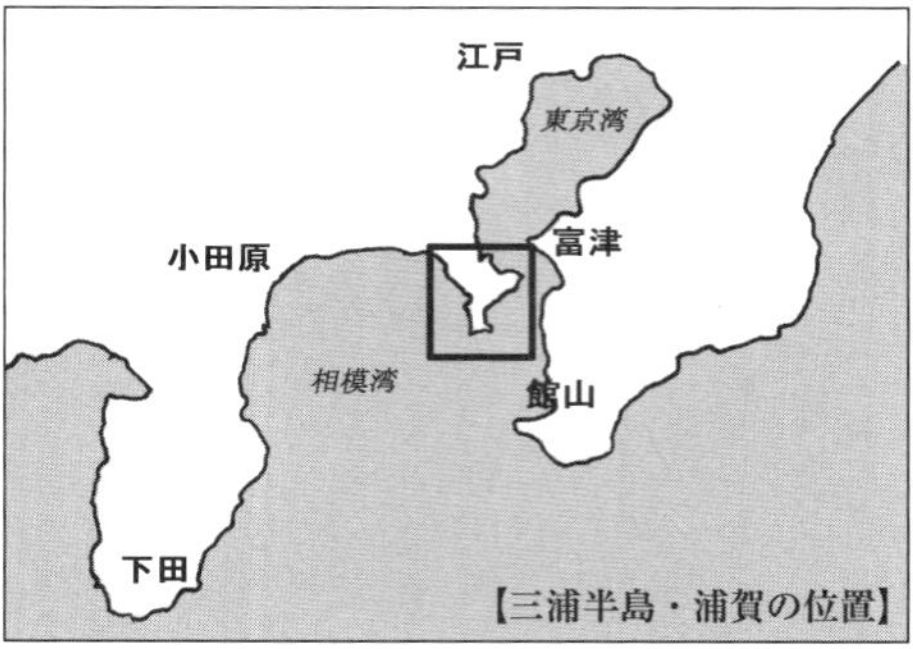

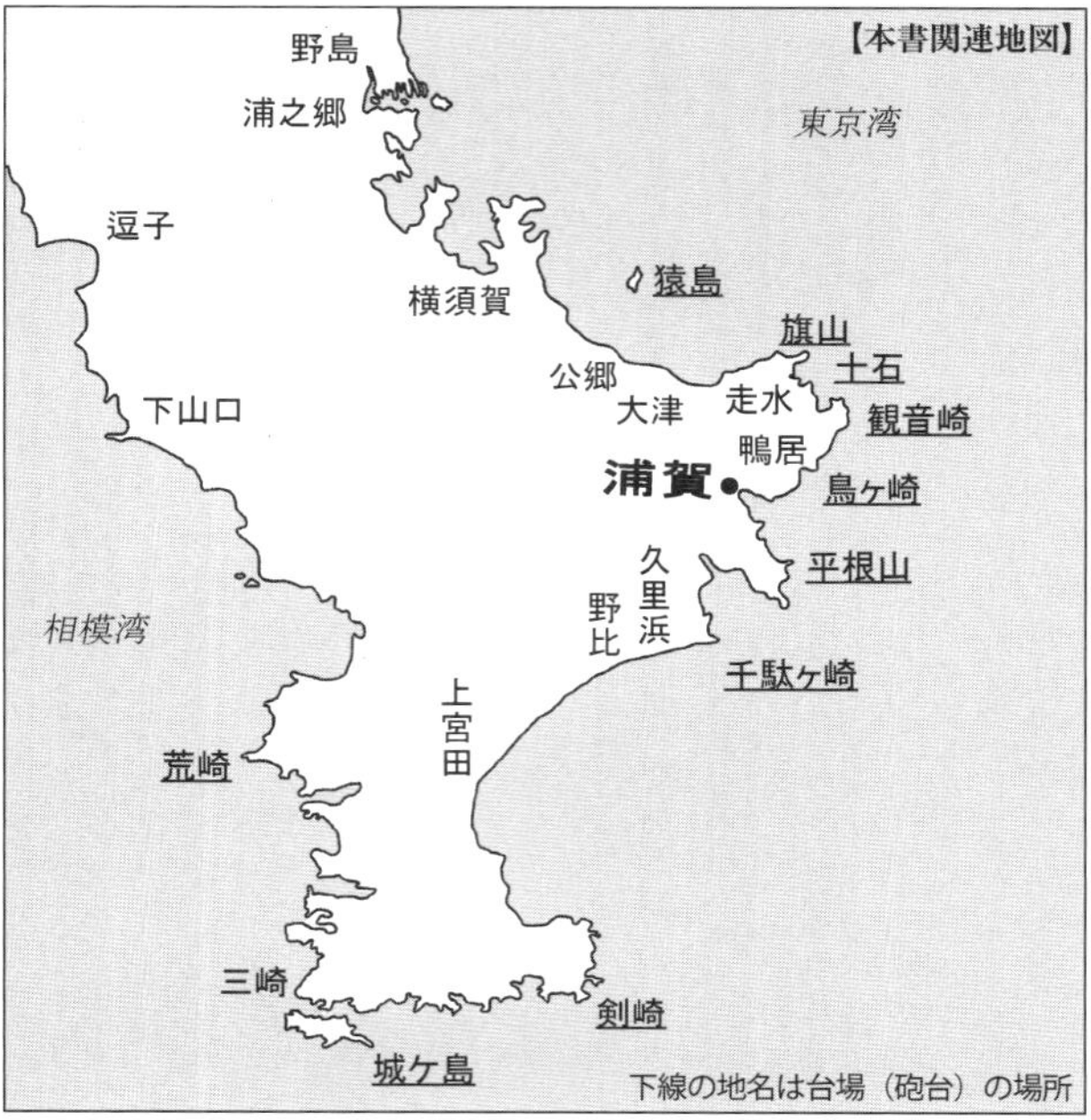

第Ⅰ章　幕末前夜の浦賀奉行所

異国船への備え

浦賀奉行所は江戸時代中期の享保五年（一七二〇）二月二十一日（日付は和暦、以下も同様とする）に、新たに設置された奉行所である。幕府が浦賀奉行所を新設したのは、この頃から江戸を中心とした地域の経済が活性化し、各地から江戸に入る物資が急増したためであった。江戸に入る物資の中には「千石船」と呼ばれた大型の廻船で運ばれるものも多く、幕府は江戸での物価統制をおこなうためにも、廻船荷物の種類や量を調査する必要に迫られていた。その結果、東京湾の入口に奉行所を新設し、この奉行所に廻船荷物の検査を行わせることになった。また、同時に廻船荷物の中に武器が入っていないか、東京湾の外に出る廻船に女性が乗っていないかも検査された。これは謀反を起こすために鉄砲などを江戸へ運ぶことや人質として江戸の屋敷に住む大名の妻女が本国に脱出すること（入り鉄砲と出女）を防ぐことが目的であり、浦賀奉行所は「海の関所」として重要な役割を果たすことになった。

歴代の浦賀奉行の人数は、奉行所の設置から慶応四年（一八六八）の廃止に至るまで五二人に達し、浦賀奉行のもと、時代によって変動はあるが、多い時には約二〇人の与力と約一〇〇人の同心が奉行所の仕事に従事した。与力と同心は形式上「一代抱え」であったが世襲される家もあり、何代にもわたって奉行所の近くに住み続ける者もいた。世襲にあたっては父親が現職にある間に、息子が見習で出仕することも多く、そうした形で仕事が受け継がれた（本書では与力・同心を取り上げる際に、原則として見習期間も見習という言葉を用いず与力・同心とだけ記述した。これは見習期間が確定できない人物がいるためである）。

Ⅰ・1 **浦賀奉行所** 奉行所の建物（中央奥）と与力・同心の屋敷「浦賀湊番船漂着図」より 国立公文書館所蔵

一方、浦賀奉行はおおよそ一〇〇〇石から五〇〇〇石程度の上級の旗本から任命されることが多く、人数は一人の時期が長く続いたが、一九世紀に入ると二人の奉行が任命されたこともあった。奉行所は西浦賀（現在の横須賀市西浦賀五丁目）に置かれ、役所の建坪は約六〇〇坪、敷地の総面積は一四〇〇坪を超えた。奉行所の役所としては、浦賀に置かれた奉行所のほか、江戸には浦賀奉行をつとめる旗本の私邸に江戸役所が置かれ、幕府との連絡の場所として使われた。このほか、三崎や伊豆の下田にも出先機関が設置された。

浦賀奉行所の役割が拡大したのは一九世紀に入ってからで、日本近海への異国船来航の急増によって、この頃から浦賀奉行所は東京湾防衛の要としての役割を負わされることになった。東京湾の防衛体制が大きく変わったのは文政三年（一八二〇）のことで、この時、これまで三浦半島の防衛を一手に担っていた会津藩がその任務を解かれ、川越藩と小田原藩に三浦半島を防衛することが命じられた。また、対岸の房総半島では文政六年（一八二三）に、白河藩に代わって、久留里《くるり》藩と佐倉藩が、幕府代官の森貫之の指示に従って防衛にあたることが命じられた。これにより異国船来航に際して関東に領地を持つ諸藩が防衛にあたることになり、海防の強化がはかられることになった。

浦賀奉行所については、この時、浦賀奉行が三浦半島防衛の第一責任者であることが示され、異国船が来航した際には、浦賀奉行の判断によって川越藩と小田原藩が出兵することになった。また、これにともない奉行の人数も一名から二名に増員され、月ごとに江戸と浦賀の勤めを交代する体制が作られた。こうして浦賀奉行所は「海の関所」としてだけでなく、相次ぐ異国船の来航から東京湾を防衛する最前線の役所としての役割を一層強化していくことになった。

海防と三浦半島の住民

一九世紀に入ると日本には異国船が頻繁に来航するようになり、幕府はその対応に苦しむようになった。ロシアのレザノフが長崎に来航し、日本人の漂流民を送還し、交易を求めたのは文化元年（一八〇四）で、その後、文化五年（一八〇八）にはイギリス軍艦のフェートン号が不当に長崎港に入港し、オランダ商館長を捕らえる事件が発生した。この時、長崎奉行が責任を取って自害し、幕府は事件の続発に対し、海防の強化を模索するようになった。さらに、文化十年（一八一三）にはロシアのリコルドが箱館（函館）に来航し、ロシアに幽閉されていた日本人商人高田屋嘉兵衛を送還する事件が発生した。これらの事件はいずれも江戸から遠く離れた地域で起こったが、東京湾への異国船の来航も時間の問題であった。

浦賀に初めて異国船が来航したのは文政元年（一八一八）五月十四日のことで、来航した異国船はイギリス商船のブラザーズ号であった。この船の船長はピーター・ゴルドンで、彼はインドから国後島《くなしりとう》方面にかけての地域で商品を売買することを仕事にしていた。残された記録には、彼が日本の商人との交易を求めて浦賀に来航したとある。当時、三浦半島の防衛を担っていたのは会津藩で、浦賀奉行所はブラザーズ号の来航に際して、会津藩と共同して警備をおこなった。会津藩が三浦半島の防衛を命じられたのは、八年前の文化七年（一八一〇）であり、同藩は三浦半島を中心に約三万石の領地を新たに与えられた。また、同藩は鴨居（横須賀市鴨居）や三崎（三浦市）に陣屋（武士が常駐する軍事施設）を置き、これらの陣屋に藩士や足軽約五〇〇人を常駐させた。また、観音崎や城ヶ島さらには浦賀に隣接した平根山《ひらねやま》に台場（砲台）を設置し、これらの運営にあたった。

一方、会津藩の領地となった村々には、異国船が来航した際に動員令が発せられることが決められ、有事の際には現在の横須賀市・三浦市・鎌倉市などの地域から一〇〇〇人もの農民や漁民が警備に夫役《ぶやく》（労役）として動員されることになった。動員令の内容を記した文書には、彼らが警備にあたる船の操縦、兵粮《ひょうろう》や武器の運搬に従事することが記され、ブラザーズ号の来航時にもこのような動員がおこなわれたと思われる。また、動員令は異国船が来航したことを村々に通報する方法についても記し、会津藩の陣屋から「触継《ふれつぎ》」と呼ばれた通報者が村々に派遣されることが決められている。動員令では通報者が名主に異国船の来航を伝えることになっており、通報を受け取った名主は鐘や拍子木を鳴らし、村民に情報を伝達した。

通報を受け取った村では動員される者が名主の家に参集し、彼らは出動に備えて船を用意した。また、動員される農民・漁民については壮健な者を村で選出することが決められ、彼らに対しては会津藩の武士と「主従の誓い」をすることが求められた。ブラザーズ号の来航以降、ペリー艦隊の来航まで三浦半島には相次いで異国船が来航したが、その都度、この地域の人々は警備に動員されることになった。軍事的な緊張の高まりは、浦賀奉行所の与力や同心、警備にあたる諸藩の藩士だけでなく、地域の農民や漁民の暮らしにも大きな影響を与えることになった。

「視聴草」を読む

ブラザーズ号の来航について記した「視聴草《みききぐさ》」と題された文書が国立公文書館に所蔵されている。「視聴草」は旗本の宮崎成身《せいしん》が原本から写し取った文書や収集した文書をまとめたもので、現在、全部で一七六冊が残されている。宮崎は弘化四年（一八四七）に小十人頭《こじゅうにんがしら》、安政四年（一八五七）に持弓頭《もちゆみがしら》の役職にあった旗本で、江戸牛込神楽坂下に住んだと伝えられる。また、幕府が設置した昌平坂学問所にも関与し、幕府の外交官として活躍した林大学頭復齋《はやしだいがくのかみふくさい》のもとで外交関係の資料集である「通航一覧」を編纂したことでも知られている。彼はこうした仕事の一環としてブラザーズ号の来航について記した文書を収集したと思われるが、いずれにして

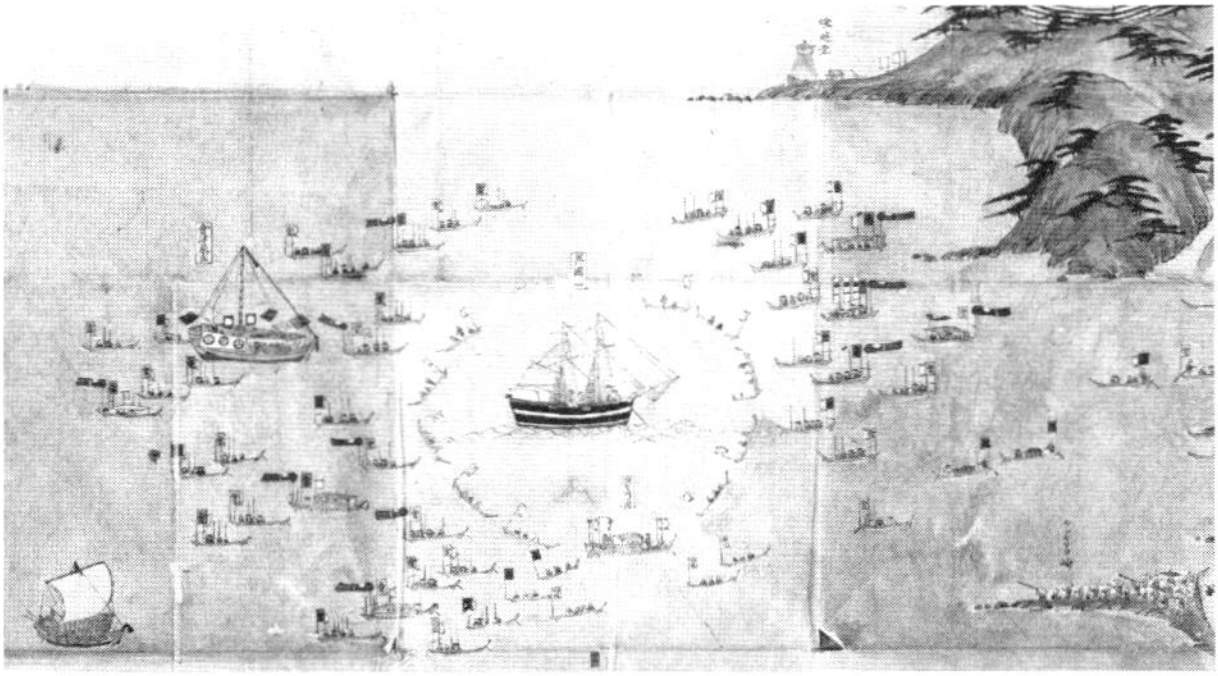

Ⅰ・2　ブラザーズ号を取り囲む警備船　「浦賀湊蕃船漂着図」より　国立公文書館所蔵

も我々は浦賀に初めて来航した異国船ブラザーズ号の動向と浦賀奉行所や会津藩の対応を「視聴草」から具体的に知ることができることになった。

「視聴草」によれば、ブラザーズ号の来航が浦賀奉行所に伝えられたのは五月十四日の朝であった。来航を通報したのは廻船荷物の検査を受けるために浦賀湊に入港した船（現在の愛知県西尾市にあった湊に船籍を持つ船）で、船頭の栄三郎は久里浜（横須賀市）の沖に怪しい船が停泊していると報告した。報告を受けた奉行所では直ちに役人を派遣し、役人は碇泊中のブラザーズ号に向かった。船中では船長のピーター・ゴルドンが地球図を持ち出し、イギリスを指さした。また、鉄砲や刀剣類を多数持っていることも確認された。こうした情報は直ちに幕府に通報され、同時に東京湾の防衛にあたる会津藩や白河藩の陣屋にも通達された。東京湾は著しい緊張感に包まれ、会津藩が管理する平根山台場では抜き身の槍を携えた武士が現れ、鴨居の会津藩陣屋からは旗指物を立ち並べた船がブラザーズ号に向けて送られた。

浦賀奉行所からは与力や同心を乗せた船が繰り出され、与力や同心たちはブラザーズ号を浦賀湊の入口に碇泊させた。「視聴草」にはブラザーズ号の動きを封じるために、まわりを八〇艘もの浦賀奉行所が派遣した船が取り囲み、その外側を会津藩の「兵船《へいせん》」が固めたとある。また、会津藩は、事前の取り決めの通りに一〇〇〇人の農民や漁民を動員し、この時、徴発された船は一五〇艘以上に達した。こうした警備が続く中、十八日には幕府から派遣された通詞《つうじ》の馬場佐十郎が浦賀に到着し、ピーター・ゴルドンとの意志疎通ができるようになった。馬場は日本がイギリスの商船と交易できないことを伝え、早急に出帆することを求めた。この結果、ブラザーズ号は五月二十一日に碇を上げて東京湾から退去することになった。その後のブラザーズ号の動向は分からないが、二十二日に房総沖を東北方面に向かう異国船が確認されているから、国後島方面に向かったと思われる。

はたしてブラザーズ号を見た人々がなにを感じたのか、具体的には分からないが、「視聴草」には船長ピーター・ゴルドンが、伊豆大島や東北地方の絵図などを持っていたと記されている。鎖国下の日本にあって地図は重要な軍事機密であったことを考えると、商船の船長にすぎない人物が、こうした地図を持っているということは日本人にとって驚きであったに違いない。ブラザーズ号が東京湾内に碇泊していたのはわずか八日間であったが、警備に動員された農民や漁民も含めて、この事件は激動の時代の幕開けを人々に実感させた事件であった。

日本近海は捕鯨の場

文政五年（一八二二）四月二十九日、イギリスの捕鯨船サラセン号が浦賀に来航するという事件が発生した。当時、日本の近海には西洋諸国の捕鯨船が多数やってきており、この海は鯨の漁場として世界に知られていた。そのため、サラセン号だけでなく、日本各地で捕鯨船の来航や発見が相次いだ。太平洋での捕鯨は一九世紀の初めに南太平洋で始まり、しだいに本格化した。捕鯨は、わずかの間に日本近海にまで広がり、イギリス・フランス・アメリカを中心に多くの捕鯨船がこの海域に出漁した。一八四〇年代になると、漁場はカムチャッカ半島からオホーツク海にまで達し、長期間にわたって太平洋に出漁する捕鯨船も珍しいものではなくなった。当時の鯨製品は鯨油と鯨骨（有歯鯨の歯にあたる部分でヒゲとも呼ばれる）で、鯨油は照明用の油として使用され、場合によってはロウソクに加工された。一方、鯨骨は、婦人の装身具や室内の装飾品、洋傘の骨として利用された。捕獲された鯨の種類にはマッコウクジラ・セミクジラ・イワシクジラなどがあり、捕鯨の方法は、鯨の発見により大きな船から捕鯨ボートを下ろして鯨を追跡し、手投げや銃で銛を打ち込む方法が取られた。

太平洋で活動したアメリカの捕鯨船については『横浜市史』第二巻に分析があり、アメリカの捕鯨船の根拠地であったハワイのホノルル港に入港した捕鯨船が、一八二四年以降の二〇年間で総数二〇〇〇艘に達したことが明らかになっている。また、当時のアメリカの捕鯨船の大きさは、出漁が数ヶ月の長期に及ぶようになると大型化し、一八二〇年にアメリカ東海岸のナンタケット港に所属する七二艘の捕鯨船の平均トン数は二八〇トンに達したという。単純に比較するわけにはいかないが日本の「千石船」クラスの捕鯨船が多数日本の近海を航海していたことは間違いない。ところで、当時のアメリカの捕鯨船について記した日本人の記録(「紀州船米国漂流記」)が残されている。この記録は嘉永三年(一八五〇)に伊豆沖で難破した船乗りの体験談をまとめたもので、彼らがアメリカの捕鯨船ヘンリー・ニーランド号に救助された様子を記したものであった。船乗りたちの何人かは救助後に捕鯨船を乗り継ぎ、最終的に香港で清国船に乗って長崎に帰国したが、その後、こうした記録が残されたことによって西洋諸国の捕鯨船の様子が現在に伝えられた。

この時、難破した船は紀伊国日高郡薗浦《そのうら》（和歌山県御坊市《ごぼう》）に船籍を持つ九五〇石積の廻船で、ミカンを積んで江戸に向かい、江戸から上方へ戻る途中で漂流した。記録は船乗りが故郷に帰ってから体験を聞き取った者が編集し、領主である紀州藩主かその重臣に提出したものと言われている。捕獲した鯨については「海中で皮をはぎ、肉を大釜で煮て油を取った上で、肉は廃棄している」と記している。また、日本の船乗りがなぜ肉を食べないで捨てるのかと尋ねたところ、鯨の肉は毒を含んでいると答えたという。記録は漂流民の体験を記したものにすぎないが、日本近海を航行する捕鯨船の様子を伝える興味深い資料ではある。

サラセン号の来航

文政五年（一八二二）にイギリスの捕鯨船サラセン号が来航した事件については、警備にあたった川越藩が作成した記録（前橋市立図書館所蔵）が残されている。この記録によれば、サラセン号が浦賀に来航したのは、薪・水・食料が不足したためであった。捕鯨船の中には積み込んだ物資の不足に苦しむ船があり、こうした船が日本各地で発見される事件が続発した。サラセン号が東京湾の入口にあたる房総半島の洲崎《すざき》沖で発見されたのは四月二十九日の夕方のことで、この地を警備する白河藩は江戸に向かって航行するサラセン号を警備船で追いかけた。また、連絡を受けた浦賀奉行所からも与力や同心が派遣され、彼らがサラセン号に乗り移った。

この時、浦賀奉行の小笠原長休はサラセン号を浦賀湊へ引き入れることを与力らに命じ、与力と同心による交渉がおこなわれた。同時に、小笠原は川越藩と小田原藩に出兵を命じ、これ以後、両藩の江戸屋敷や本国から多くの藩兵が浦賀に送り込まれることになった。サラセン号が与力に導かれ浦賀湊に碇を下ろしたのは五月一日で、乗船した与力によって同船がイギリスの船であること、鉄砲が多数積み込まれていることが確認された。一方、川越藩と小田原藩の藩兵が到着したのは五月三日の昼頃で、藩兵は地元で徴発した船に乗り込み、サラセン号を取り囲んだ。また、白河藩も応援に駆けつけ、平根山台場の下には小田原藩が、東浦賀の海岸には白河藩が、浦賀中央の海岸には川越藩が陣を構えた。記録によれば、夜間も警備陣の提灯が多数掲げられ、平根山や観音崎の台場で焚かれた篝火《かがりび》

Ⅰ・3　平根山御備場　山頂に台場が置かれた。東京都中央図書館特別文庫室所蔵

によって浦賀沖の海は白昼のごとくであったと言う。

川越藩の場合、現在の横須賀市北部に位置する浦之郷《うらごう》村に陣屋を持っていたから、陣屋に配備された藩士が当面の警備にあたった。また、五月二日には川越からも武者奉行村山内膳《ないぜん》の率いる軍勢が浦賀に向けて出発し、この軍勢も四日には陣屋に到着した。その勢力は五〇〇名近くに達し、現地で徴発した漁民などを含めれば川越藩の軍勢は一〇〇〇人以上になった。彼らは陣屋を拠点に浦賀に近い走水《はしりみず》村に出兵し、陸上と海上の警備にあたった。また、軍勢の中には忍（しのび）と呼ばれる役職に就いていた者も含まれ、彼らが記した報告書が残されている。報告書によれば、サラセン号の大きさは、長さが約五四メートル、幅が約九メートルで、四五人の乗組員がいたという。また、船のまわりは鋼鉄で包まれ、艫《とも》の方には女性の像が設置されていたとある。

一方、ブラザーズ号の来航時と同様にサラセン号来航に際しても地元の住民が多数動員され、サラセン号退去後に、走水村・公郷《くごう》村・浦之郷村・下山口村・横須賀村などの名主が、警備用の船や乗組員の差配を陣頭指揮したことに対して川越藩から褒美を受けている。また、現在の横浜市西南部に位置する公田《くでん》村の名主が軍馬の飼料を調達したことに対しても褒美が与えられた。サラセン号は、八日の昼頃に水や薪、大根や鶏、生魚や米の補給を受け、東京湾から退去したが、相次ぐ異国船の来航による夫役の増加に住民の苦悩は深まるばかりであった。幕府から警備陣に撤兵指示が伝えられたのは九日のことで、その後、川越藩・小田原藩・白河藩の重役が浦賀奉行所に集まり、浦賀奉行を交えて警備を解くことについての打ち合わせがおこなわれた。川越藩兵の場合、走水村を出発したのは十日朝で、十一日に浦之郷村の陣屋を経由して軍勢が川越に帰陣したのは十三日のことであった。

イギリス船が常陸国に

文政七年(一八二四)五月、イギリスの捕鯨船が常陸国《ひたちのくに》大津浜《おおつはま》(茨城県北茨城市)に現れ、乗組員が上陸するという事件が発生した。この事件は、日本本土へ外国人が上陸した最初の事件であり、その影響は大きかった。事件発生後、幕府は異国船に対し穏便な処置を取るという政策を変え、翌年には、日本に接近する異国船に砲撃を加えることを認めた異国船打払令を公布することになった。また、天保八年(一八三七)には、異国船打払令にもとづき、浦賀沖に来航したアメリカ商船モリソン号に対し攻撃が加えられるという事件も発生し、常陸国での外国人上陸事件は浦賀の歴史にも大きな影響を与えることになった。そこで、ここでは歴史のターニングポイントになった常陸国での外国人上陸事件について紹介したい。

大津浜の事件については『茨城県史』近世編や『高萩市史』上巻に詳しい記述がある。これらの本によれば、異国船が大津浜に現れたのは五月二十八日のことで、大津浜の海岸近くに大船二艘が接近し、村に上陸するために小船二艘をおろしたことから事件が始まった。小船から上陸したのは一二人の外国人で、彼らは村人によって海辺の空き家に軟禁された。当時、大津浜を支配していたのは水戸藩付家老の中山氏で、中山氏は村からの急報を受け、物頭《ものがしら》松村平太夫《へいだゆう》と国分政衛門《まさえもん》を現地に派遣した。また、近隣の村からは郷士《ごうし》・猟師・郷足軽が多数動員されたという。三十日には沖に碇泊する異国船が空砲を撃ち、家の戸や障子ががたがたと鳴り出したとあり緊迫した情勢になった。一方、現地からの連絡を受けた水戸藩では、筆談役として会沢正志斎《せいしさい》と飛田勝太郎を水戸から送り、彼らは六月一日に大津浜に到着した。二日には上陸した外国人の内、六名が脱走するという事件も発生し、その後、外国人は土蔵に移されたという。

会沢や飛田による乗組員との筆談が始まったのは三日のことで、会沢が記した「諳夷問答《あんいもんどう》略記《りやつき》」によれば、主に筆談は船長ゲビスンとの間でおこなわれ、問答の結果、船がイギリスのものであること、日本近海には類船が三五艘もあること、今回、大津浜に渡来した船が三艘であり、総乗組員が百人を超えることなどが判明した。もっとも、言語が容易には通じなかったため、問答は困難を極めたという。一方、水戸藩からの要請によって、幕府は、代官古山善吉、天文方《てんもんがた》高橋景保《かげやす》、通詞吉雄忠次郎《よしおちゅうじろう》らを六月五日に現地に派遣した。代官らが大津浜に着いたのは九日で、オランダ語に堪能な高橋や吉雄が問答に加わることによって異国船が捕鯨船であること、船中にビタミンCの欠乏による壊血病と思われる病人があり、新鮮な野菜や果実を求めていることがようやく判明した。

その結果、幕府役人は二艘の小船にビワや大根などを積み与え、日本からの退去を求めることになった。外国人たちは十七日に本船が迎えに来るまで留まらせて欲しいと要求したが、幕府役人はこれを認めず、十日に小船を出船させた。翌日には小船が福島県いわき市方面を進んでいることが確認されたが、その後の動向は分かっていないという。事件は江戸から少し離れた地域で発生したが、外国人が初めて上陸したことは幕府に大きな衝撃を与えた。また、三カ月後には九州の薩摩藩領でもイギリス船の乗組員が上陸するという事件があり、幕府はその対応に追われることになった。さらに、事件に登場した会沢正志斎は後に攘夷論者に大きな影響を与えた「新論」を執筆し、この本は幕末の水戸藩の動向に大きな影響を与えた。また、通詞として活躍した高橋と吉雄は文政十一年（一八二八）に発生したシーボルト事件で処罰されたが、彼らは外国人の上陸事件からなにを感じたのだろうか。

異国船打払令の公布

幕府が日本に来航する異国船に対する方針を大きく変えたのは、文政八年（一八二五）二月十八日のことであった。この日、公布された法令を異国船打払令と呼び、沿岸警備にあたる軍勢は、これ以後、この法令にもとづき行動することを求められるようになった。幕府が、法令公布に際して主に仮想敵にした異国船は捕鯨船を中心とした民間船であり、民間船に攻撃を加えても大きな国際紛争に発展することはないと考えられていた。そのため、その後、西洋諸国の政府が国交を求めて軍艦を派遣するとの情報が入るようになると、幕府は紛争の発生を恐れ、法令は公布後わずか十数年で廃止されることになった。しかし、浦賀においては、この法令にもとづき、天保八年（一八三七）に、アメリカ商船モリソン号に対して攻撃を加えるという事件が発生したから、法令の公布は浦賀奉行所と地域の人々に大きな影響を与えたと言える。

異国船打払令の公布は、大津浜で活躍した天文方高橋景保の意見書を受けて、勘定奉行遠山景晋《かげくに》の主導によって進められた。法令は、大目付を通じて全国の大名に、目付を通じて旗本に、勘定奉行を通じて遠国《おんごく》奉行や代官に通達され、短期間に防衛体制の変更が全国津々浦々に伝えられた。異国船打払令は全文わずか五〇〇字程度のもので、冒頭の部分では、近年、イギリス船が各地に来航していることが指摘された。特に、文化五年（一八〇八）にイギリス軍艦フェートン号が長崎に来航し、オランダ商館員を捕らえて薪水《しんすい》・食料を得て退去した事件や大津浜での事件、その後に発生した薩摩藩領での事件が問題にされた。また、時には異国船の外国人が「邪宗門《じゃしゅうもん》」（キリスト教）への入信を勧める場合もあり、このまま放置できないので異国船に対する方針を変更することが示された。さらに、イギリスだけでなく西洋諸国はいずれもキリスト教を信ずる国であり、異国船は打ち払うべきとの方針が示された。

具体的な方法としては、異国船が海岸に接近したならば、近隣から人夫を集め打ち払うことが指示された。また、退去しようとする異国船を追いかける必要はないものの、無理に上陸しようとした場合には外国人を殺しても良いとの方針が示された。さらに、異国船が海岸に一層近づいた際には、船を破壊することも命じられ、こうした方針を海岸沿いのすべての村々に通達することが命じられた。また、日本と国交を持つ清国・琉球・朝鮮の船については、船の形が西洋諸国のものとは違い、西洋人と区別がつくので問題はないが、同じく国交を持つオランダ船の場合は、他の異国船と見間違うことも想定されるが、間違ってオランダ船を攻撃しても処罰されないことが通達された。一方、漁民や船乗りに対しては、異国船打払令の公布と同時に触書《ふれがき》が示され、海上で異国船にできるだけ出会わないようにすること、外国人と親しく接したことが露見した場合には厳罰に処することが申し渡された。

モリソン号の来航と轟く砲声

モリソン号が日本人漂流民の送還を名目に、浦賀沖に姿を表したのは天保八年（一八三七）六月二十八日の昼近くで、異国船発見の知らせは三崎陣屋に詰めていた与力から浦賀奉行所に直ちに届けられた。当時、浦賀奉行所に在駐していた浦賀奉行太田資統《すけのり》は幕府に異国船の来航を伝えると同時に、与力や同心が乗船した「見届船《みとどけぶね》」を出動させた。また、対岸の房総半島で警備にあたっていた代官森貫之に対して、異国船来航を伝える空砲が平根山台場から発射された。その後、太田は異国船打払令にもとづき攻撃を始めるため、平根山台場に出馬し、陣頭指揮を取ることになった。これ以降の経緯については、事件後、太田が幕府へ差し出した上申書を収録した「蠹餘一得《とよいっとく》」（国立公文書館所蔵）に詳しい記述がある。

モリソン号への攻撃が始まったのは二十八日午後で、この時、平根山台場から大筒が打ち込まれた。また、奉行所の与力や同心は甲冑《かっちゅう》を身にまとい、警備艇に乗船してモリソン号に向かった。これに対しモリソン号は江戸方面に逃走をはかり、台場からは一層激しい砲撃が加えられた。そのため、モリソン号は平根山台場からは見通せない地点（野比《のび》村沖）に移動し、夜を迎えることになった。太田は、直ちに「見届船」を出し、出帆する様子が見られないことを確認した上で、与力や同心に野比村への出動を命じた。同時に武器の移動もおこなわれ、三百目《さんびやくもんめ》筒《づつ》の銃砲三挺《ちよう》と中筒や小筒が野比村に運び込まれた。三百目筒の銃砲は、当時の武器としてはそれほど大きなものではないが、モリソン号の碇泊地点が陸から近い地点であったため、これらの武器を利用した砲撃が計画された。また、外国人が野比村に上陸する気配があった時には、海上で警備にあたる軍勢が取り押さえることも命じられた。

I・4　モリソン号　「異国船打払ノ始末届書」より　国立公文書館所蔵

浦賀奉行所の軍勢とともに出動を命じられた川越藩兵が浦之郷村の陣屋に到着したのは二十八日夜のことで、太田は陣屋から走水村に出動した同藩の軍勢に、平根山台場に移動することを命じた。モリソン号への再度の攻撃が始まったのは二十九日暁のことで、野比村に出動した浦賀奉行所の軍勢は、激しい砲撃を加えた。モリソン号は出帆に先立ち、日本側との無用の紛争を避けるため、大砲などを外していたため、日本側からの攻撃にまったく防戦できなかった。そのため、太陽が昇り始めた頃、同船は碇を上げて東京湾の外に逃れることになった。これに対し、奉行所の軍勢は警備艇で追尾し、船から百目筒や五十目筒で砲撃を加えた。その後、太田は押送船《おしおくりぶね》と呼ばれる多くの櫓を持つ快速艇を出動させ、最終的に同船の退去が確認された。

モリソン号の場合、日本側との交渉がおこなわれなかったため、当初、同船が来航した目的や同船の国籍などは分からなかった。しかし、翌年になって長崎奉行久世広正《くぜひろまさ》がオランダ商館長のグランドソンから話を聞き、同船が日本人漂流民の送還を名目に日本との通商を求めに来たアメリカ商船であったことが判明した。幕府内部では今後こうした異国船の来航にどのように対処すべきかが大きな政治問題になった。また、モリソン号の来航をきっかけに、異国船への攻撃に批判を加えた渡辺崋山《かざん》や高野長英《ちょうえい》らが処罰される事件（蛮社の獄）も発生し、日本は混迷の時代へと入っていった。

モリソン号来航の背景

モリソン号には七名の日本人漂流民が乗船していた。当時、日本の廻船や漁船が難破して乗組員が異国船に救助されること、外国に漂着することは珍しいことではなく、こうした漂流民がアジア各地に暮らしていた。モリソン号はマカオから浦賀に来航したが、同船に乗っていた日本人は漂流後にマカオに住んでいた人々であった。七名の漂流民の内、三人は、天保二年（一八三一）に鳥羽（三重県鳥羽市）から江戸に向かう途中で難破した廻船の乗組員で、カナダ西岸に漂着した人々であった。彼らは、イギリスのロンドンを経由してマカオに送られ日本への帰国の機会を待っていた。他の四人は、九州の船乗りで、天保六年（一八三五）に天草から長崎に向かう途中で台風に遭い、遭難してルソン島に漂着した。彼らは、スペイン船でマニラからマカオに送られ、先の三人とともにイギリス貿易監督官の首席通訳官をつとめたギュツラフの保護下に置かれていた。当時、日本人漂流民が帰国する方法にはいくつかのルートがあった。まず、中国を経由して帰国する場合は、長崎に来航する清国の商船によって送還され、長崎奉行に引き渡された。また、朝鮮に漂着した漂流民は対馬藩に引き渡された後に、長崎奉行所か大坂町奉行所に送られた。さらに、琉球に漂着した場合は、薩摩藩の手を経て日本に送還された。このほか、ロシアからの送還もあったが、いずれにしても漂流民はキリスト教に入信していないか、禁制品の持ち込みをしていないかなど厳しい取り調べを受け、帰国は容易なことではなかった。また、一九世紀に入ると漂流民の送還を名目に、日本との通商をおこないたいと考える船も現れ、そうした船のひとつがモリソン号であった。モリソン号を所有した会社はマカオを活動拠点とするアメリカ商社のオリファント会社で、同社の支配人チャールズ・キングはかねてから日本との通商を希望していた。しかし、鎖国下にある日本と通商することは困難であり、そのため、キングはマカオに住む日本人漂流民に注目し、彼らを送還することを名目に幕府との交渉をおこない、日本との通商を始めようとした。

マカオでのキングの動向については佐藤昌介氏の研究（『渡辺崋山』吉川弘文館）があり、キングは漂流民を保護するギュツラフに対し、モリソン号を使って漂流民を送還することを提案したと言う。これに対しギュツラフの上司であるイギリス貿易監督官は提案を受諾し、条件としてギュツラフをモリソン号に一緒に乗せることを要求した。イギリス貿易監督官というのはイギリス政府がマカオに派遣した役人であり、イギリスはギュツラフを日本に派遣することによって日本の状況を掌握し、将来の対日貿易の可能性を探ろうとしたと考えられる。ともあれ、イギリス貿易監督官がキングの提案を受け入れたことにより、ギュツラフの保護下にあった漂流民はモリソン号で浦賀に向かうことになった。日本が開国・開港するのはまだまだ先のことであったが、西洋諸国の人々が日本との通商を求め始めたことにより、東京湾の入口に位置する浦賀もそうした動きに無関係ではいられない時代が到来した。

第Ⅱ章　浦賀奉行と与力・同心たち

浦賀奉行太田資統の先祖

浦賀奉行の人数は、享保五年（一七二〇）に初代の堀利喬《としたか》が就任してから最後の奉行になった土方勝敬《ひじかたかつよし》まで全部で五二人を数える（巻末資料【浦賀奉行一覧】参照）。この間、文政二年（一八一九）正月から文久二年（一八六二）七月までの約四〇年間は同時期に二人の奉行が置かれたが（天保末年の一時期を除く）、その他の時代は一人の奉行が奉行所を管轄した。奉行は上級の旗本から任命され、旗本としては知行地《ちぎょうち》と呼ばれる領地を持っていた。また、奉行をつとめる間は役料と呼ばれた俸禄（年間五〇〇俵の米）を受け取ったほか、文政四年（一八二一）以降は役知《やくち》と呼ばれる一〇〇〇石の領地を三浦半島に与えられた。彼らは、代々、その家に与えられた知行地以外に、役料や役知を与えられたから、在任中は知行地から収納する年貢のほか、かなりの収入を得ていたことになる。

ところで、歴代の浦賀奉行の事跡については、これまでにもいくつかの研究がおこなわれてきた。しかし、彼らの旗本としての横顔については、触れられることが少なかった。そこで、ここではモリソン号来航時に奉行をつとめた太田資統《すけのり》を例に、浦賀奉行に任命された旗本とはどのような人物であったのかを紹介したい。太田資統は、御使番《おつかいばん》、御先手鉄砲頭《おさきててつぽうがしら》、日光奉行を歴任した太田資同《すけあつ》の長男として生まれた。生年は不明であるが、幼名を斧吉・斧三郎と称し、長じて運八郎と称した。先祖については「寛政重修諸家譜《かんせいちょうしゅうしょかふ》」(幕府が編纂した大名・旗本の系譜)に記述があり、資統は初代資武《すけたけ》から数えて七代目にあたる。太田家が旗本としての基盤を確立したのは二代政資《まさすけ》の時で、政資は宝永三年（一七〇六）に二〇〇俵の俸禄を得る御家人となり、翌年には千石取りの旗本になった。

政資が、わずか一年で家禄を急増させたのには理由があり、「徳川実紀」(幕府が編纂した徳川家の歴史書）の宝永四年七月の項に、六代将軍徳川家宣《いえのぶ》の長男であった家千代を生んだのが太田家の娘であり、これを理由に一〇〇〇石の領地が与えられたと記されている。家千代は幼くして亡くなったため、七代将軍には家宣の三男である家継《いえつぐ》が就任したが、浦賀奉行には将軍家と関係を持った旗本を先祖に持つような人物が任命されたことになる。また、政資は正徳二年（一七一二）にも加増を受け、三〇〇〇石の知行地を持つ旗本になった。以後、太田家は三〇〇〇石の知行地を持つ旗本として幕末に至るが、三〇〇〇石以上の知行地を持つ旗本の人数は大変少なく、太田家は幕府の中でも上級の旗本であった。三〇〇〇石の旗本と言えば、用人《ようにん》(家老）以下、数十人の家臣を持ち、一〇〇〇坪以上の屋敷を拝領することも珍しいことではなく、殿様と呼ばれる存在であった。一方、太田家の知行地は、武蔵国多摩郡に三カ村（下《しも》柚木《ゆぎ》村・拝島《はいじま》村・田中村）、相模国愛甲郡に二カ村（田代村・八菅《はすげ》村）、高座郡に一カ村（栗原村）、遠江国《とおとうみのくに》城東郡に三カ村（潮海寺村・加茂村・下内田村）あり、太田家は村役人を通じて支配地の村を支配した。

太田資統の横顔

浦賀奉行をつとめた旗本は五二人に達し、その履歴も一様ではない。そのため一人一人の人生を紹介するわけにもいかないが、ここでも太田資統の履歴を紹介しながら浦賀奉行をつとめた旗本の姿を眺めてみたい。旗本の履歴については、根岸衛奮《もりいさむ》が編纂した「柳営補任《りゅうえいぶにん》」（幕府役人の任免記録を役職別に分類したもの）があり、太田についても「柳営補任」から知ることができる。もっとも私撰の書であるため間違いもあると言われているが、概略は知ることができる。「柳営補任」によれば、太田の幕府役人としての人生は、文政四年（一八二一）六月に大坂船奉行《ふなぶぎょう》（大坂船手）に任命されたことから始まった。それまで彼は、三〇〇〇石以上の旗本で役職に就かない者が属する寄合《よりあい》にいたが、この時、初めて役職に就くことができた。大坂船奉行は大坂に駐在し、関西の船舶や貨物の監査をおこなう役職であったから、太田は後に就任することになる浦賀奉行と似たような仕事を大坂でおこなったことになる。

彼が大坂船奉行の任にあったのは天保七年（一八三六）三月までであり、一五年間を大坂で過ごした。「柳営補任」では三月八日に浦賀奉行に移ったとあり、この前後で浦賀に着任したのであろう。浦賀奉行の前任者は渡辺輝綱で、太田は渡辺から業務を引き継いだ。また、太田の就任当時、浦賀奉行は二人制であり、同役には秋田秀穀《ひでよし》がいた。秋田は、天保八年（一八三七）十月に小姓組番頭《こしょうぐみばんがしら》に移り、後任には池田頼方《よりかた》が就任した。したがって、モリソン号が来航した時の浦賀奉行は太田と秋田であった。彼らは江戸と浦賀の勤務を交代でつとめたが、モリソン号が来航した時には太田が浦賀に詰めていたことになる。また、当時、太田の江戸の屋敷は小石川にあり、この屋敷が幕閣との連絡場所として使用された。

太田が浦賀奉行から御先手鉄砲頭に転出したのは天保十年（一八三九）三月で、浦賀奉行の職にあったのは三年間であった。ちなみに御先手鉄砲頭は江戸城の門を警備し、将軍が外出する際には将軍の近辺を警備するという武勇の役職であったから、モリソン号を砲撃した実績が考慮されての異動だったのかもしれない。また、御先手鉄砲頭は二〇人いたが、この内から火付盗賊改めに出る者もあり、太田は天保十三年（一八四二）から本務のかたわら火付盗賊改めの職務にも就いた。彼が御先手鉄砲頭を解かれ山田奉行に移ったのは天保十五年(一八四四)で、今度は伊勢神宮を守護する奉行になった。また、弘化四年（一八四七）には山田奉行の職を解かれ、江戸城の西丸留守居《にしのまるるすい》に就任した。西丸留守居という役職には上級の旗本が高齢になって就任することが多く、太田も西丸留守居が最後の役職になった。

太田が西丸留守居を退いたのは、嘉永五年（一八五二）六月十四日で、「徳川実紀」には彼が病気のために辞職したとある。また、同年七月二十五日の記述には、寄合に移った太田が長男に家督を譲ったと記されている。太田はモリソン号への砲撃を指揮した奉行として歴史に名を残したが、幕府の官僚としては特殊な履歴を持っていたわけではない。他の浦賀奉行をつとめた旗本の履歴はそれぞれ違うが、いずれの旗本も幕府官僚としてのステップの過程で浦賀奉行という役職をつとめたことは間違いない。

殿様としての浦賀奉行

浦賀奉行は遠国《おんごく》奉行のひとつであった。遠国奉行というのは、幕府が地方の重要な直轄地を支配するために置いた奉行の総称で、京・大坂・駿河・伏見・奈良・堺・山田・長崎・新潟・佐渡・箱館などに置かれた。代官にくらべて格式が高く、上級の旗本が奉行として任命された。浦賀奉行の場合も、幕末期に五〇〇石程度の小禄《しょうろく》の旗本が任命されたことがあったが、ほぼ一〇〇〇石から五〇〇〇石程度の知行地を持つ旗本が任命された。浦賀奉行の席次は、数多い遠国奉行の中ではトップである長崎奉行に次ぐ位置に置かれた。さらに、異国船来航の急増によって浦賀奉行所の役割が重要になったのにともない、安政期（一八五四～一八五九）には長崎奉行の上席に位置づけられた。

浦賀奉行は、先に紹介した太田のように各地に知行地を持ち、知行地の農民に対しては殿様として君臨した。知行地の農民の人数はさまざまであるが、仮に村高五〇〇石の村に八〇〇人の農民が住んでいたと仮定するならば、三〇〇〇石の知行地を持つ旗本は四八〇〇人もの農民を支配したことになる。旗本は、支配する村から年貢を取り立てたほか、時に応じて農民に夫《ぶ》役《やく》を命じた。村からは恒常的に村役人が江戸の旗本屋敷に出頭し、村政について用人と協議した。また、知行地農民同士で訴訟が起こった時には、旗本が裁判をおこなった。村と旗本屋敷の間では、頻繁に書類や手紙が行き交い、現在でも、こうした古文書が村役人をつとめた旧家に大量に残されることは珍しいことではない。

ところで、浦賀奉行をつとめた旗本は、先祖代々受け継いだ知行地のほか、任期中は三浦半島に役知と呼ばれる領地を拝領した。また、奉行としては預所《あずかりどころ》と呼ばれる三浦半島に置かれ

II・1　東浦賀　右の山の下に東叶神社が描かれている。『相中留恩記略』より　国立公文書館所蔵

た幕領の支配を委任され、奉行をつとめた旗本は役知や預所の村々に対しても殿様として君臨した。浦賀奉行と役知や預所の関係については、『新横須賀市史、通史編、近世』に詳しい記述がある。

同書によれば、浦賀奉行が預所を持つようになったのは享保六年（一七二一）で、役知は文政四年（一八二一）以降に、奉行一人につき一〇〇〇石が与えられるようになった。役知から得られる年貢は奉行個人の収入になり、預所からの年貢は幕府に納められたが、異国船が来航した際の夫役や費用については共同で負担した。知行地の村とは違い、預所や役知は永続的なものとして浦賀奉行に与えられたわけではなく、時代によって大きな変遷があった。たとえば、享保六年の預所は東西浦賀村をはじめ四カ町村の約八二〇石であったが、文化八年（一八一一）には東西浦賀村などの一部が預所から除かれ別の村が預所に指定された。また、異国船の来航が問題となり始めた文政四年には、異国船の来航に備えるために預所の村数が大幅に増加された。

文政四年当時の役知と預所は三浦半島の南部、東京湾の西岸に集中的に置かれ、東京湾の入り口を浦賀奉行に一括して支配させることによって異国船に備えようとしたと思われる。こうした体制は天保十四年（一八四三）まで続いたが、三浦半島の警備の中心が浦賀奉行所から川越藩へと変わったのにともない、預所の多くが川越藩に引き渡された。さらに、奉行の人数が二人から一人に減員となった際には役知も半減された。このように預所・役知は必ずしも永続的なものではなかったが、三浦半島の人々は預所や役知という制度のもと、浦賀奉行所と密接な関係を持つことになった。

与力と同心の人数と俸禄

浦賀奉行の配下には多くの役人がいたが、その中核を担ったのは与力と同心であった。与力や同心が奉行所に配置された経緯については、同心をつとめた臼井家に伝来した古記録に詳しい記述があり、ここでは同家文書（横須賀史学研究会編『浦賀奉行所史料』および『浦賀奉行所関係史料』）を参考にして与力と同心について紹介してみたい。浦賀奉行所は、享保五年（一七二〇）に設置されたが、その前身は伊豆の下田に置かれた下田奉行所であった。臼井家文書によれば、下田奉行所に与力や同心が置かれたのは奉行所設置後、五〇年を経た寛文四年（一六六四）のことであった。この時、下田奉行は与力と同心の配置を求め、幕府から五人の与力を置くことを認められた。しかし、奉行所ではより多くの与力を置くことを要求し、最終的に幕府から与えられた蔵米《くらまい》（幕府から支給された俸禄）をやりくりして一〇人の与力を置くことになったと言う。同時に与力の配下として五〇人の同心が配置され、これ以後、奉行所の業務は一〇人の与力と五〇人の同心によって担われることになった。

その後、浦賀奉行所は下田奉行所の業務を引き継いだが、役人の配置については下田奉行所と同じであったから、浦賀奉行所でも一〇人の与力と五〇人の同心という体制が続いたと思われる。当初の浦賀奉行所の与力の蔵米は年間一人七五俵で、一俵に四斗の米が詰められたとすれば、与力は年間三〇石（四五〇〇キログラム、一石は一〇斗）の米を俸禄として受け取ったことになる。一方、同心の俸禄は年間二〇俵と一人扶持《いちにんぶち》（一人扶持は一日五合の米に換算）

で、同心は年間約一五〇〇キログラムの米を受け取ったことになる。彼らはこれらの米を食料としたほか、米を売ることによって現金を得たが、俸禄では暮らしが成り立たず、享保九年（一七二四）には、浦賀奉行一色宮内《いっしきくない》が与力と同心の俸禄を上げることを幕府に願い出ている。与力については希望する俸禄額が記され、年間一五〇俵が必要としているから、奉行は現状の倍額を求めたようである。交渉結果については記していないが、文政四年（一八二一）の記録では、この年に与力の俸禄が年間一〇〇俵になったと記している。また、幕末のある記録は同心の俸禄が年間二五俵と三人扶持であったと記しているから、与力と同心の俸禄は順次上げられたと言える。

　ところで、与力や同心の人数も、浦賀奉行所が東京湾の防衛に大きな役割を果たすようになると順次増員された。たとえば、文政三年（一八二〇）三月、幕府は四人の与力を増員することを認め、江戸に住む四人の御家人が浦賀に赴任した。また、嘉永元年（一八四八）にも六人の与力が増員された。さらに、安政元年（一八五四）に二人の与力が増員されたことを記した記録があり、この時は同心も増員され一七人の同心が新たに赴任した。与力や同心の総人数については、国立公文書館が所蔵する「御備場集義《おそなえばしゅうぎ》」に記述があり、天保十年（一八三九）段階で与力が一八名、同心が七四名であったことが分かっている。さらに、巻末にペリー来航直後の嘉永六年（一八五三）段階での浦賀奉行所の役人を書き上げた表を収録したが（二二九頁）、当時の浦賀奉行所には二名の浦賀奉行以下、一一四名の役人がいた。このほか、足軽や奉行個人の家臣もいたから幕末の浦賀奉行所は二〇〇名程度の軍事力を持っていたと思われる。

表中の支配組頭というのは、嘉永三年（一八五〇）に新設された役職で、奉行を補佐し与力と同心を支配した。与力取締上席というのは筆頭与力のことで、当時はペリー来航時に活躍した香山栄左衛門《かやまえいざえもん》がつとめていた。また、与力の総数は二二名で、その中には中島三郎助《さぶろうすけ》・佐々倉桐太郎《とうたろう》・合原操蔵《ごうはらそうぞう》など日本史レベルでも良く知られた人物が名を連ねていた。同心の総人数は同心組頭以下八八名で、古記録を伝えた臼井家当主の臼井藤十郎《とうじゅうろう》の名前もあった。このほか、オランダ語通詞《つうじ》の堀達之助と立石得十郎、中国語通詞の頴川《えがわ》若平の名前も見られる。

与力と同心の仕事

浦賀奉行は与力や同心を率いて異国船の来航に備えたが、それ以外の通常の奉行所の職務とはどのようなものだったのだろうか。この点については『新横須賀市史、通史編、近世』に詳しい記述があるので、同書を参考にしながら与力の仕事を紹介したい。同書では与力の職掌として地方掛《じかたがかり》・吟味掛《ぎんみがかり》・封印役《ふういんやく》があげられ、あわせて「海の関所」としての廻船改めについての業務が解説されている。第一に地方掛の与力は、浦賀奉行所が支配した役知や預所の村々に関する業務（年貢徴収・宗門《しゅうもん》調査・治安の維持など）を扱った。奉行所の支配地は三浦半島に置かれ、与力は同心を指揮して村々を廻った。第二に吟味掛の与力は奉行所内の詰所に勤務し、吟味筋（主に刑事訴訟）を担当した。吟味掛の与力の下には定廻《じょうまわ》り同心が配置され、火災や変死事件が発生した際には定廻り同心が出動した。また、役知や預所で芝居や相撲が興行される際にも定廻り同心が出向いて警備にあたった。

第三の封印役には四人の与力が任命され、その内の一名は伊豆半島の下田に出役《でやく》した。主な職務は、廻船が難破した際に現場に出動して積荷を保護するために封印すること、東京湾の海防に従事した藩の使者が来訪した時の対応であった。また、封印役は奉行の他出時に従者をつとめたほか、奉行所内の見回りもおこなった。最後に、廻船改めは浦賀奉行所の重要な職務であり、与力と同心が廻船改めに従事した。奉行所では西浦賀の湊の入口に番所を設置し、この番所を拠点に廻船改めをおこなった。

廻船改めについては、初代浦賀奉行をつとめた堀利喬が定めた規則があり、与力一人と同心二名が直接船に乗り込んでおこなうことが決められた。検査にあたっては積荷と事前に発行された証文との照合が実施され、検査によって疑わしい荷物が発見された際には、荷物が入った箱の鍵などを壊して厳重な検査がおこなわれた。女性や怪我人が乗船していた場合には、老中が発行した証文がない限り船の通行が許されなかった。また、鉄砲などの武器が発見された場合にも厳しい取り調べがおこなわれた。この規則は三〇カ条にもおよび、三宅島や新島などからやって来た船に流人《るにん》（島流しの刑を受けた犯罪者）が乗っていないかなどの調査や船乗りが死亡した際の手続きなどについても記された。

このように与力や同心の職務は多岐にわたったが、浦賀奉行所には与力や同心の指示を受けて御備場《おそなえば》（台場の周辺に置かれた詰め所）などで警備にあたる足軽がいた。足軽が配置されるようになった時期は分からないが、幕末の臼井家文書には四〇人の足軽がいたと記されている。また、弘化元年（一八四四）に記された文書には、一二人の足軽が新たに雇われたと記されている。この時、雇われた足軽はいずれも浦賀湊で船宿《ふなやど》（湊に入港する廻船の乗組員の世話や廻船荷物の販売を仲介した商人のこと）を営む家の若者であった。文書には勤務中は帯刀を許すと記され、年間の手当として四石二斗と二人扶持が奉行所から支給された。こうして庶民から登用された足軽は、与力や同心とともに奉行所の重要な構成員になった。

吟味掛与力と定廻り同心の活躍

『新横須賀市史、資料編、近世Ⅱ』に収録された「浦賀史料」と題された資料（慶応義塾図書館蔵）の中に、浦賀奉行所の吟味掛与力と定廻り同心が変死事件の取り調べにあたった時の記録が入っている。記録は大部なもので全部を紹介できるわけではないが、この記録を題材に与力や同心の職務の一端を眺めてみたい。収録された事件はいずれも浦賀で発生したものであったが、事件の様相はさまざまであった。たとえば、嘉永六年（一八五三）六月十一日、奉行所の牢内で入牢者が死亡する事件が発生した。記録では「脚気衝心《かっけしょうしん》」と病名が記され、脚気にともなう心臓障害が死因であった。急報を受けた奉行所では直ちにお抱え医師の栗山周甫を牢に派遣したが、入牢者は既に死亡していた。その後、牢に詰めていた足軽から吟味掛与力の合原操蔵や同心土屋栄五郎・小野甚蔵に対し、文書によって事件の詳細が通報された。

この事件は奉行所の中で発生したものであり、同心が出動することはなかったが、浦賀の市街地で発生した事件の場合は地方掛や定廻り同心が現場に派遣された。たとえば、嘉永五年（一八五二）二月二十日の明け方、浦賀の宮下町で居酒屋を営む市太郎が妻よねに怪我を負わせ自殺するという事件が発生した。発見者は市太郎の店で働いていた下女たいで、事件は西浦賀の名主長右衛門から奉行所に通報された。奉行所では地方掛同心で目付をつとめる斉藤太郎助と定廻り同心の藤井清三郎を現場に派遣した。現場において同心は咽を刃物で突いて自殺した市太郎の様子やよねの怪我が刃物で斬りつけられたものであることを確認した。発見者の下女や宮下町に住む市太郎の義理の兄からは聞き取りがおこなわれ、夫婦喧嘩の末の凶行であったことが判明した。

第三の事件は、現在の和歌山県御坊《ごぼう》市出身の船乗りの善吉が、安政二（一八五五）十一月十三日に死亡した事件である。船乗りの出身地である御坊市一帯は菱垣廻船《ひがきかいせん》や樽廻船と呼ばれる廻船集団の活動拠点であり、これらの廻船集団は西国の商品を江戸や関東地方に運び込む上で重要な役割を果たしていた。江戸を中心とする地域で消費される物資の中には菱垣廻船や樽廻船が運んだものが多くあり、この地域の経済は西国の廻船によって支えられていた。また、浦賀湊に菱垣廻船や樽廻船が入港することも多く、善吉も廻船の乗組員であったと思われる。善吉は四十二歳で、廻船が浦賀に入港中に発病し、船宿で闘病中に死亡した。船宿から報告を受けた奉行所では同心を派遣し、確かに病死であることが確認された後、善吉は浦賀の東福寺に埋葬された。浦賀は東京湾有数の湊町であり、他所から多くの人々がやって来たが、こうした人々が死亡した際には奉行所から検使が派遣された。

最後に紹介する事件は、安政三年（一八五六）七月八日に、紺屋町に住む善八の妻すみ五十七歳が溺死体で発見された事件である。彼女は浦賀湊の海で溺死しているところを見つかったが、西浦賀の名主から報告を受けた奉行所は直ちに同心の斉藤太郎助と中田辰蔵を現場に急行させた。彼らは善八や娘のふさから聞き取りをおこない、善八が日雇い稼ぎをしていたこと、すみが「癇症《かんしょう》」（神経症）を患っていたことが判明した。事件発生の前夜、善八はすみが蒲団の中にいないことに気付き、直ちに近所の者にも頼んですみを探したと記されているが、残念ながら翌朝すみは死体で発見された。事件は不審な点がないことから自殺と確認され一件落着となった。異国船来航時以外の与力や同心の姿については従来触れられることが少なかったが、この資料はそうした与力や同心のことを現在に伝えるものであろう。同時に資料に登場する浦賀の住民についても暮らしぶりをうかがうことができるものである。

モリソン号来航時の与力と同心

異国船の来航に際して、浦賀奉行が与力や同心を防衛に当たらせたことについては既に述べたが、ここでは再度モリソン号来航を題材に異国船来航時の与力や同心について紹介したい。

この点について記した資料は、先に紹介した国立公文書館所蔵の「蠹餘一得《とよいっとく》」である。この資料によれば、この時、浦賀奉行の太田は、湊の入口にあった番所に与力の田中茂之助と堀金八を詰めさせ、指揮に当たらせた。御備場には与力の堀黛助・樋田克蔵・畑藤三郎・佐々倉寛蔵・中島三郎助・松村定蔵を、三崎の番所には与力の香山助七郎を配備した。一方、海上で警備にあたる御備船《おそなえぶね》には与力の中島清司《きよし》・朝夷《あさい》熊次郎・石山宇助・合原操蔵を乗船させた。与力の配下である同心は、番所に同心組頭を一名、同心を一三名、御備場に同心組頭を二名、同心を一八名、御備船には同心組頭を四名、同心を一二名配置した。このほか三崎と城ヶ島にも複数の同心を配置した。

当時、浦賀奉行所が管轄した台場は観音崎・平根山《ひらねやま》に設置され、台場を管理するための御備場に与力と同心を出張させてモリソン号への攻撃を準備したことになる。また、この時、モリソン号への攻撃を命じられた与力の中には幕末・明治維新に活躍した合原操蔵や中島三郎助がいた。ところで、モリソン号来航時に与力や同心が配備された軍事施設については、事件直後の天保十年（一八三九）に施設を視察した幕府代官の江川英竜《ひでたつ》と目付の鳥居忠耀《とりいただてる》（耀蔵《ようぞう》）の報告書に詳しい記述がある。報告書の記述によれば、当時の三浦半島の防衛拠点は平根山と観音崎の台場であり、異国船来航の際には浦賀奉行の要請で川越藩と小田原藩が出兵することになっていた。また、対岸の房総半島では代官の森覚蔵が管理する富津《ふっつ》台場と竹ケ岡台場が軍事拠点で、佐倉藩と久留里《くるり》藩も代官を支援して防衛にあたった。ところで、モリソン号来航時の防衛体制には不備な点が多く、江川や鳥居は三浦半島の防衛体制が万全ではないことを危惧した。たとえば、平根山と観音崎の台場を視察した鳥居は、備砲《そなえほう》に破損があることを指摘し、早急の修理を求めている。また、観音崎台場に設置された塩硝蔵《えんしようぐら》（弾薬庫）が海上から見通すことができ、異国船から塩硝蔵に砲撃を加えられる可能性があることを指摘した。江川は台場の設置場所が軍事的な観点から必ずしも最適な地点ではないことを指摘し、新規の台場設置や台場の移動について要望した。

これに加えて鳥居は番所に付属した船屋に格納された御備船に不備が多いことを指摘した。鳥居の報告書によれば、御備船は下田丸（三二挺櫓《ちようろ》の船）、長津呂丸（三〇挺櫓の船）、白駒丸（八挺櫓の船）の三艘で、このほか押送船《おしおくりぶね》と呼ばれる快速船が二艘配備されていた。合原操蔵ら与力らはこれらに乗船して異国船に向かうことになるが、鳥居は下田丸・長津呂丸・白駒丸に破損が見られ、「要害」の船としては利用できないと述べている。また、三崎の船屋にも日吉丸・千里丸・小緑丸・飛燕丸が配置されていたが、これらの船にも破損が見られるとした。もっとも破損がなくても、異国船にくらべて御備船ははるかに小さな船であり、装備の不備は浦賀奉行所の人々の危機感をしだいに強めたと思われる。与力を中心に浦賀奉行所の人々は明治時代に向かって造船や軍事の近代化を担っていくが、こうした危機感が彼らを動かしていく原動力になったのかもしれない。

将軍の日光社参と浦賀奉行所

日光社参《にっこうしゃさん》とは歴代将軍が徳川家康の廟である東照宮へ参詣することをいい、元和三年(一六一七)に東照大権現社《とうしょうだいごんげんしゃ》が落成して以来、二代秀忠、三代家光、四代家綱、八代吉宗、一〇代家治《いえはる》、一二代家慶《いえよし》が社参をおこなった。歴代将軍の社参は一世一代の大事業であり、将軍と幕府権力を誇示することが目的であった。家慶によって最後の社参がおこなわれたのは天保十四年(一八四三)であったが、この頃の日本は内憂外患の中にあった。国内では天保飢饉の打撃から村々がようやく立ち直りかけていたが、飢饉の記憶は人々の中に残されたままであった。また、大坂では天保八年(一八三七)に、大坂町奉行所の与力であった大塩平八郎が武装蜂起し、この事件は幕府の権威を失墜させた。一方、中国大陸ではアヘン戦争が勃発し、天保十三年(一八四二)にはイギリスと清国との間で南京条約が結ばれた。この結果、清国は香港を割譲し、広州・福州・上海などの開港を認めさせられた。この情報は日本にも伝えられ、幕府は西洋列強のアジアへの進出に強い危機感を持つようになった。

　そうした状況下で、日光社参がおこなわれることになったが、社参の最中に異国船が渡来するような事件が勃発することは許されることではなく、東京湾の防衛を任務とする浦賀奉行はどのように警備を強化するのかに苦慮することになった。当時の防衛体制については後述するが、浦賀奉行所が浦賀番所・平根山台場・城ヶ島番所・鳥ケ崎御備場などを警備し、川越藩が観音崎台場・十石崎《じっこくざき》台場・旗山《はたやま》台場などを担当した。また、三浦郡の村々からは異国船来航時と同様の徴発がおこなわれ、多くの船と漁師が船乗りとして動員された。陸上でも軍事物資を運ぶための馬と人足が大動員された。

　将軍家慶が江戸城を出発したのは四月十三日で、多くの大名や旗本が見送ったという。「徳川実紀」の記述には行列の総人数が一四万人から一五万人にも達したとある。将軍は、その日の内に王子・赤羽などの現在の東京都北区を北上し、岩槻城（さいたま市岩槻区）に入った。翌日は栗橋（埼玉県久喜市）を経由して古河城（茨城県古河市）で宿泊し、十五日には宇都宮城（栃木県宇都宮市）に入った。日光に到着したのは四月十六日で、三泊四日の旅程であった。日光では先発した寺社奉行・勘定奉行・大目付・目付が将軍を出迎え、家慶は先の大老井伊直《なお》亮《あき》と老中堀田正篤《まさひろ》の先導で東照宮に入った。十七日には多くの神事が日光でおこなわれ、尾張・紀伊・水戸の御三家も神事に参加した。将軍が日光を出立したのは四月十八日で、往路と同じルートを通り二十日には江戸城に帰着した。その後、江戸城では社参が無事終了したことを祝して連日のように猿楽《さるがく》などが催されたが、この間、政権の主要な人々が将軍に付き従ったため、ある意味では江戸から幕府がなくなったかのようなものと言えるのかもしれない。

御先手鉄砲組与力による浦賀警備

横浜市立大学学術情報センター貴重書コレクションに、一二代将軍家慶が日光社参に赴いた時に、浦賀の警備に従事した御先手鉄砲組与力の松山源五郎が記した日記が含まれている。御先手は、江戸城の蓮池・平川口・梅林坂《ばいりんざか》・紅葉山下《もみじやました》・坂下の五つの門を警備することを職務とし、将軍が増上寺や寛永寺に参詣する際の警備にもあたった役職である。江戸時代後期には二八組が置かれ、弓八組と鉄砲二〇組に編成された。それぞれの組には組頭が置かれ、組頭の配下として複数の与力と同心が配置された。松山の属した組の組頭は小出英照で、小出の下には五名の与力が配置された。横浜市立大学が所蔵する日記は、松山が天保十四年（一八四三）四月に記したもので、「日光社参中、浦賀《うらが》表《おもて》御《お》固《かため》御《ご》用《よう》出《で》役《やく》一《いっ》件《けん》留《とめ》帳《ちょう》」と題されている。内容は、将軍の日光社参に際して、御先手鉄砲組与力が臨時に浦賀の警備にあたったことを記したものであった。

このような資料は大変珍しく、松山のように臨時に浦賀と関係を持った武士の様子や将軍が日光社参に出向いた際に、どのように浦賀での警備が強化されたのかを眺めてみたい。松山が浦賀への動員を伝えられたのは三月二十八日で、通知は浦賀奉行の遠山景高《かげたか》から松山の上司にあたる小出を通じて伝えられた。おそらく、数ヶ月前から社参中の東京湾の警備強化が浦賀奉行を中心に策定され、松山の動員は浦賀奉行と勘定奉行の協議を経て決定されたと思われる。通達を受けた松山は、翌日に遠山の江戸屋敷に出頭し、正式に「日光御参詣御留守中、浦賀表与力増人出役」に任命することが伝えられた。ここでいう出役というのは、期間を限って浦賀奉行所与力に任命するということで、任期が過ぎれば再び御先手鉄砲組に復帰することになる。その後、小出の屋敷でも同様の伝達がおこなわれたが、この時、江戸からは与力一二人と同心二六人が動員された。

松山が浦賀に向けて出発したのは四月八日で、与力らは品川宿に集合し、昼頃、品川宿を出て、夜に保土ヶ谷宿に到着し、並木屋という旅籠に宿泊した。九日には保土ヶ谷宿から金沢道《かなざわみち》（金沢八景に向かう尾根道）を通り、同日中に浦賀に到着した。この日、既に江戸から浦賀に到着していた遠山に奉行所で面会し、銘々、宿舎に荷物を解いたとある。十日の記述には、平根山台場や鳥ケ崎台場を巡見したとあり、警備が始まったことが分かる。十二日には遠山の視察があったが、この日の記述には松山が平根山の担当になったと記されている。平根山に配置された人員については、十三日の記述に「昼飯九十人前、家来五十八人、足軽六人、与力四人、与《よ》力供《りきとも》十二人、同心組一人、平同心九人」とあり、台場が九〇人で守られていたことが分かる。

この内、同心組というのは同心組頭のことと思われる。また、与力供というのは江戸から赴いた与力の供のことかもしれない。さらに、家来五八人は、遠山の家臣が台場の警備に動員されたと思われる。台場を警備するメンバーは、泊番《とまりばん》・不寝番《ふしんばん》・明番《あけばん》の三つのローテーションで勤務し、二四時間体制での警備が続いた。一方、日記には平根山台場・鳥ケ崎台場・小塚御備場に配備された大砲についても記述があり、平根山には五門の大砲、鳥ケ崎には三門の大砲と一門の狼煙《のろし》、小塚には一門の大砲があったとある。このほか、警備の様子も記されているが、二十一日の記述には異国船が来航したとの間違った情報が入ったとあり、警備陣が緊張したことがうかがわれる。また、勤務が終わった四月二十四日からは近隣の名所を訪れたことが記され、観音崎や走水《はしりみず》の寺社を参詣した。こうして浦賀での任務を終えた松山は、四月二十八日朝、浦賀を出立し、横須賀から舟に乗り現在の金沢八景付近（横浜市金沢区）に上陸し、その後、弘明寺観音《ぐみようじ》（横浜市南区）を参詣した。江戸到着は二十九日で約二〇日間の浦賀勤務であった。

小笠原貢蔵と蛮社の獄

横浜開港資料館には、浦賀奉行所の与力をつとめた小笠原甫三郎《すけさぶろう》とその養父の小笠原貢蔵《こうぞう》が記した古記録（酒川玲子氏所蔵「小笠原家文書」）が保管されている。この資料群は、一九世紀の浦賀をめぐる情勢を現在に伝えるものであり、ここでは浦賀と深い関係を持った貢蔵と甫三郎の親子二代にわたる生涯をあわせて紹介したい。まず小笠原貢蔵であるが、彼は寛政元年（一七八九）に松前藩（北海道松前町に城を持った藩）の郷士《ごうし》の子として生まれ、文政六年（一八二三）に江戸に出て幕臣になった人物である。彼が世に名を知られるようになったのは、天保十年（一八三九）に、鳥居忠耀（耀蔵）が東京湾の海防の実態を調査することを幕府から命じられ、その随行員として海岸部の測量に従事してからのことであった。この時、鳥居は正月から三月まで相模・伊豆・安房・上総の諸国を巡見し、浦賀にも足を運んだことは先に述べた通りである。

視察に赴いたのは伊豆韮山《にらやま》の幕府代官江川英竜と鳥居の二人であり、この時の江川と鳥居の確執が後に蛮社の獄を引き起こしたと言われる。蛮社の獄は、鳥居が渡辺崋山《かざん》や高野長英《ちようえい》らの蘭学者グループの人々を逮捕・弾圧した事件であるが、蘭学者と親しい江川が視察の復命書に渡辺崋山の意見書を添えようとしたことに対し、鳥居がこれを阻止しようとしたことが蛮社の獄のきっかけとなったと言う（前出、佐藤昌介著『渡辺崋山』）。鳥居は幕府の精神的な支柱である林家《りんけ》（儒者）の当主（林大学頭《はやしだいがくのかみ》）の次男であり、古い思想に批判的な蘭学者の行動に強い反感を持っていた。そのため鳥居は、意見書の提出を阻止するとともに、蛮社の獄を通じて開明的な蘭学者を処罰することになったと言うのである。今ここで蛮社の獄について詳しく述べる余裕はないが、モリソン号の来航後、蘭学者を取り巻く状況は大変厳しいものになった。

ところで、小笠原貢蔵は蛮社の獄に際しても、鳥居の命令で蘭学者の取り調べに当たり、「小笠原家文書」には貢蔵が記した取調書が含まれている。取調書によれば、貢蔵が鳥居から蘭学者の取り調べを江戸城で命じられたのは、天保十年四月十九日で、この時、貢蔵は蘭学者によって外国を称美するような本が著述されていることを調査するように命じられた。取調書には渡辺崋山や高野長英のほか、順宣《じゆんせん》（無量寿寺《むりようじゆじ》住職）や順道《じゆんどう》（順宣の息子）らの後に逮捕される人々の名前が列記されている。渡辺の部分には注記があり、文武に優れ、書画に秀でた人物であると記されている。また、渡辺が物静かな人物で、渡辺と一度会った人々は親しみを持つようになるとある。さらに、渡辺が外国との交易に肯定的であり、外国船が浦賀の沖合で長期に碇泊するようなことがあれば、江戸に物資が入荷しなくなり、幕府も交易を認めざるを得ないであろうと述べたとも記されている。

こうした調査の後、渡辺は五月十四日に逮捕され、一時姿をくらませていた高野は十八日に自首することになった。その後、それぞれの自宅から著作が発見され、渡辺は『慎機論』と『外国事情書』を著し幕府を批判したことにより、高野は『夢物語』で幕府を批判したことによって罪を問われることになった。こうして十二月十八日には、渡辺が国元での蟄居を命じられ、高野は江戸での終身禁固の身となった。二人の蘭学者は、その後、自殺に至るが、新しい時代の幕開けはもう少し先のことであった。

小笠原甫三郎と佐久間象山

貢蔵の養子であった甫三郎については石崎康子氏の研究（「幕臣小笠原甫三郎の生涯」『一九世紀の世界と横浜』山川出版社、所収）に詳しい。同書によれば、甫三郎は、文政三年（一八二〇）

に幕府御家人の山口茂左衛門《もざえもん》の子として生まれた。小笠原家に養子に入ったのは天保十三年（一八四二）で、養父の貢蔵は当時、長崎奉行所の与力であった。甫三郎は幼少より学問を好んだと伝えられ、数学を内田弥太郎に、測量を奥村喜三郎に、砲術を幕府鉄砲方の井上左太夫《さだゆう》や田付《たつけ》四郎兵衛に師事したという。興味深い点は、甫三郎が長じてから蘭学者との交流を深めていることで、鳥居の命令で蘭学者を弾圧した養父の貢蔵とは違った人生を歩んでいるように感じられる。

甫三郎が養子に入った後、養父の貢蔵が亡くなったのは弘化二年（一八四五）で、甫三郎は翌年十月、二十七歳で小笠原家の家督を継ぎ、嘉永元年（一八四八）に最初の職である浦賀奉行所の与力を拝命した。当時、浦賀奉行所では東京湾の防衛体制を強化するため、西洋砲術を取り入れようとしていた。そのため、幕府は、嘉永二年（一八四九）六月、西洋風の軍事調練の師範役として下曽根《しもそね》金三郎を浦賀に派遣し、与力や同心の指導にあたらせた。下曽根は西洋流砲術の第一人者であったが、もともとは天保十二年（一八四一）に長崎の砲術家であった高島秋帆《しゅうはん》から西洋流の砲術を伝授された。その後、下曽根は江川英竜にも師事し、高島流の砲術指南になった。彼が浦賀に赴任したのはその直後のことであり、「小笠原家文書」には下曽根が嘉永二年八月二十日に甫三郎を弟子にしたとある。

ところで、甫三郎は下曽根から砲術を学ぶとともに、浦賀で松代《まつしろ》藩（長野県長野市に城を持った藩）の佐久間象山《しょうざん》とも親しく接したことが「小笠原家文書」に記されている。佐久間は天保十三年（一八四二）に西洋砲術を学ぶために江川に入門した人物で、下曽根とは同門になる。彼が、浦賀に赴いたのは、下曽根の求めに応じたからであったが、「小笠原家文書」によれば、佐久間は奉行所に保管されていたオランダからの献上品である大砲と付属の機器の使用方法を、与力や同心に丁寧に説明したという。佐久間が浦賀に赴いたのは嘉永三年（一八五〇）八月で、短期間の出張ではあったが、佐久間が熱心に指導にあたった様子がうかがわれる。その後、佐久間は、安政元年（一八五四）のペリー来航時に松代藩士を率いて横浜に赴き警備にあたった。佐久間は、その直後に長州藩の吉田松陰がペリー艦隊に密航しようとした事件に連座して蟄居を命じられたが、浦賀奉行所の人々にとって佐久間との出会いが、日本も西洋化の道を歩むべきとの思いを強めるきっかけになったと思われる。

II・2　**佐久間象山肖像**　酒井雪谷筆　真田宝物館所蔵

この点について詳しく述べる余裕はないが、甫三郎については、浦賀での経験がその後の人生になんらかの影響があった。甫三郎が浦賀奉行所与力の職を免じられたのは嘉永六年（一八五三）七月で、同時に富士見宝蔵番《ふじみほうぞうばん》を命じられ、妻子らと江戸七軒町（東京都台東区）に移り住んだ。その後、彼は、わずか一年で留役勘定《とめやくかんじょう》に任命され、文久元年（一八六一）には神奈川奉行所の支配調役《しはいしらべやく》に転じている。支配調役というのは奉行や支配組頭に次ぐ役職であったから、彼は順調に出世の階段を上がったことになる。文久三年（一八六三）からは各地の代官を歴任して明治維新を迎えたが、この間、元治元年（一八六四）に発生した天狗党の乱（水戸藩の尊王攘夷派が筑波山で挙兵した事件）に際しては、支配地で組織した農兵を率いて各地を転戦したという。

外交の窓口である神奈川奉行所での仕事にせよ代官として農兵を率いることにせよ、その原点は浦賀での経験にあったに違いない。甫三郎が亡くなったのは明治十八年（一八八五）十一月で、葬儀には彼と交流があった栗本鋤雲《じょうん》（親仏派の幕臣で維新後は新聞記者として活躍）、福地源一郎（幕府の通訳、維新後に岩倉使節団に従い欧米を視察）、榎本武揚《えのもとたけあき》（幕府海軍副総裁、戊辰戦争では軍艦を率いて転戦）らが参列したと伝えられる。

第Ⅲ章　変わる海防体制と国際情勢

薪水給与令の復活と三浦半島

天保十三年（一八四二）七月二十三日、幕府は文政八年（一八二五）に公布した異国船打払令を廃止し、日本に渡来する異国船に対し、物資を補給することを認めた。これを薪水給与《しんすいきゅうよ》令《れい》の復活というが、このことは日本の海防政策の大きな転換であった。当時、中国大陸ではアヘン戦争が勃発し、その後、清国が敗北したことが日本に伝えられ、幕府はイギリスが日本へも軍艦を派遣するのではないかと恐れていた。そのため、幕府はイギリスとの無用な摩擦を避けようとし、異国船打払令を廃止することになった。異国船打払令の廃止を伝えた達書《たつしがき》によれば、幕府は文政八年以前と同様に、異国船に「御仁政《ごじんせい》」を施す（憐れみを持って接すること）ことを決定し、難破した異国船や食料などに不足を生じた異国船に対し、日本から必要な品物を供給することを決めた。

幕府は大名や旗本に、異国船を発見した際には様子を見届け、薪や食料を補給することを命じ、異国船に日本近海から退去することを促せと達した。ただし、海岸の防御については一層厳重にし、外国人と親しむことは厳しく禁じられた。また、異国船から攻撃があった場合や物資を供給しても帰帆しない場合には攻撃が認められた。達書からは西洋諸国とのトラブルを回避しながら海防をどのように充実させるのかといった幕府の苦悩をうかがうことができる。日本は長い海岸線を持つ国であり、どこに異国船が来航するのかを予測することは難しかった。そのため幕府は、薪水給与令を復活させた直後から大名や旗本に対し海防強化について具体的な命令を下した。

たとえば、天保十三年八月九日、老中の土井利位《としつら》は、海辺に領地を持つ大名や旗本に対し、これまでより防衛に多くの人数を配備し、武器も多くすることを指示した。また、どれほどの人員を配置し、どれだけの鉄砲を配備したのかを幕府に上申することを命じた。同時に従来、異国船が漂着したことがある地域については、漂着場所の絵図を作成し、その地点から城、陣屋、台場までの距離を書き上げることを命じた。ここにおいて幕府は薪水給与令を復活させると同時に、新たな海防体制の構築を模索し始めたのである。九月十日には、戦闘方法について注意をうながす達書も作成され、西洋諸国の戦闘方法が「和漢」の戦闘と違うことが指摘された。戦闘方法の差異がどのような点を指すのかは分からないが、圧倒的な軍事力の差を意識したものと思われる。また、海岸から少し離れた地域に領地を持つ大名には、異国船渡来の際にどのようにして現場に兵を繰り出すのかを定めることが求められた。さらに、大砲などの武器を「分限《ぶげん》」（能力）に応じて整えることも求められた。

これに加えて十月十日には、後に新潟奉行をつとめた勘定吟味役川村修就《ながかた》が東京湾沿岸から相模湾にかけての一帯を視察することを命じられ、浦賀奉行所付近の海岸部を巡見することになった。川村の巡見については嶋村元宏氏の研究(「神奈川県立博物館研究報告、人文科学」第二九号)があり、川村が三浦半島の防衛拠点を視察したことが分かっている。たとえば、平《ひら》根山《ねやま》台場では砲台が海面から三五メートル以上もの高さに置かれ、台場としては高すぎることが指摘された。また、西浦賀の四カ所の場所を視察した時には、これらの場所が防衛拠点として優れていることを指摘し、一貫目玉以上の大砲を備えた船を配備することを求めている。浦賀から少し離れた長井村では岩場が多いので台場を置く場所としては適していないことを指摘した。江川と鳥居に続く勘定吟味役の巡見は、浦賀奉行所周辺地域が海防の重要拠点であることを内外に示すことになった。

アヘン戦争情報の流布

アヘン戦争は日本の海防体制に大きな影響を与えたが、ここでもう一度、どのようにアヘン戦争の経緯が国内に伝えられたのかについて紹介したい。アヘン戦争とは、イギリスが清国へ大量のアヘンを持ち込んでいることに端を発した清国とイギリスとの戦争で、清国がアヘン輸入を中止する政策を推し進めたため、天保十年（一八三九）に戦乱が始まった。イギリス軍は圧倒的な武力を背景に清国軍を破り、この戦争は清国の植民地化への道を開いた。また、戦争は、その後、幕府に伝えられたが、この情報は短期間に民間へも伝わり、多くの人々がイギリスのアジアへの侵略を知るようになった。たとえば、横浜市鶴見区の旧家関口家には、嘉永四年（一八五一）正月に、関口家の当主であった東作《とうさく》が筆写した二冊の写本が伝来した。この写本はアヘン戦争について紹介した嶺《みね》田《た》楓江《ふうこう》の著作『海外新話』を写したもので、現在、横浜開港資料館が所蔵している。

『海外新話』の著者である嶺田は丹後国（京都府）田辺藩の江戸詰めの藩士で、儒学や蘭学を学んだ人物であった。また、『海外新話』は中国で出版された『夷《い》匪《ひ》犯《はん》疆《きょう》録《ろく》』をもとに、嶺田がアヘン戦争の経過を実録小説風に記したものであった。原稿完成後、嶺田は著作を江戸に住む出版業者に渡し、その後、五〇部という少ない部数で出版された。しかし、この本はたちまちの内に識者の話題となり、多くの人々によって写本が作られることになった。関口家が、どのように『海外新話』を入手したのかは分からないが、関口家に伝来した写本はそうしたもののひとつであった。ところで、この本は、出版直後に海外情報が世間に広まることを好まし

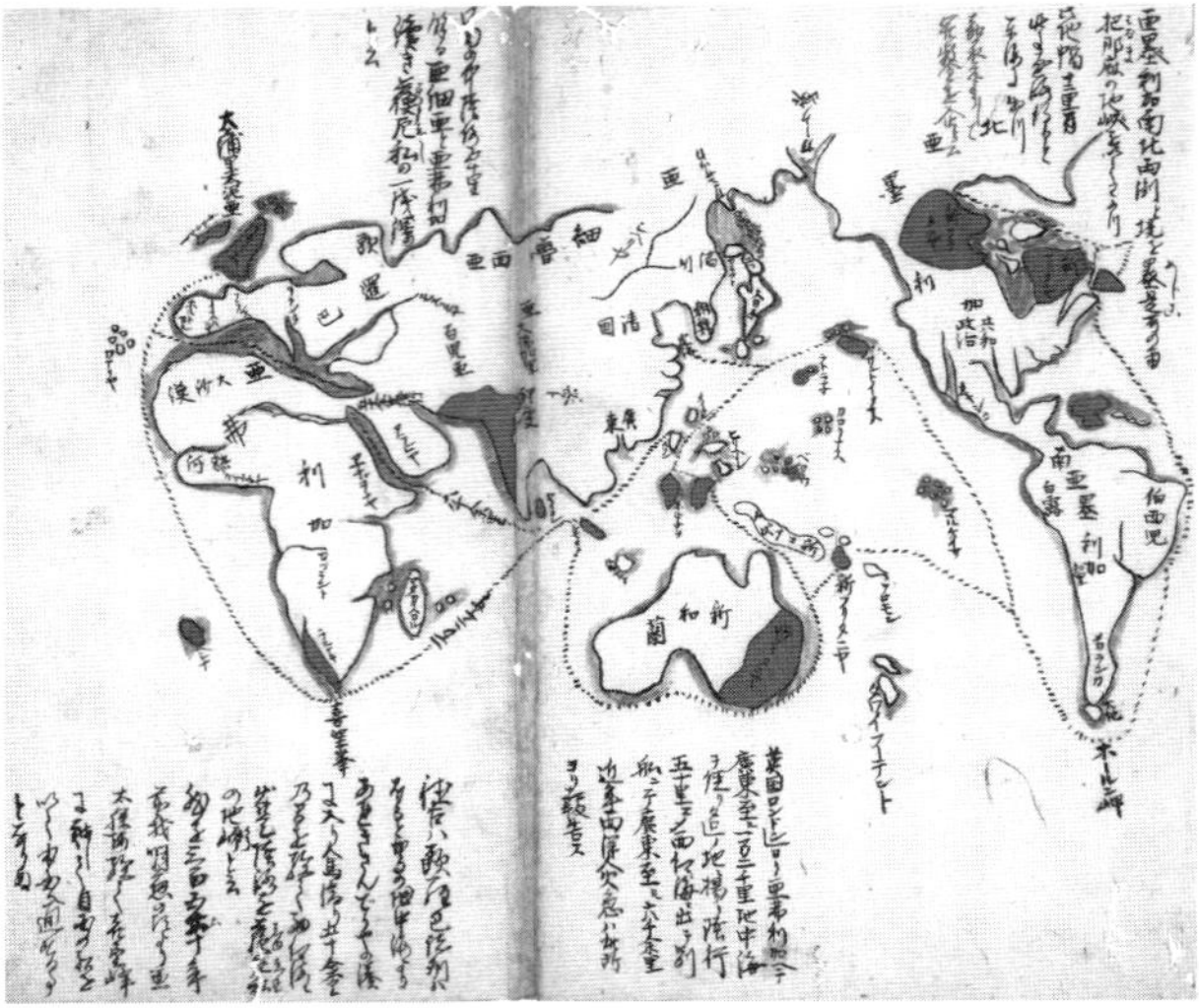

Ⅲ・1　「海外新話」所収の世界地図　関口が「海外新話」から写したもの。横浜開港資料館所蔵

く思わない幕府によって発禁処分とされ、嶺田も「三《さん》都《と》払《ばら》い」（江戸・京・大坂の市中に立ち入ることを禁止する刑罰）という重い処罰を受けた。

幕府が嶺田の取り調べを進めたのは嘉永三年（一八五〇）初夏の頃で、出版統制をおこなっていた幕府の学問所では、『海外新話』が「異教・妄説」（人々の気持ちを乱すようなことを説くこと）を記した本であるとして重い処罰を求めていた。この結果、『海外新話』は出版停止になったが、この本はひそかに写し続けられ、各地に写本が残されることになった。『海外新話』が多くの人に読まれたのは、そこに記されたアヘン戦争についての記述が衝撃的なものであったからにほかならない。嶺田は、イギリスがアヘンを中国に持ち込んだことを批判し、アヘンがいかに人間を堕落させる麻薬なのかを切々と訴えた。また、イギリスの強大な軍事力を紹介し、清国軍が各地で敗北する様子を写実的に描写した。

たとえば、天保十二年（一八四二）にイギリス軍が定海《ていかい》（中華人民共和国浙江省舟山市）を占領した時の戦闘場面では、「イギリス軍が大船十余艘を一文字に押し並べ大砲数十挺を一斉に打ち出した」と記し、「清国軍の船が百雷の落ちたかのような音とともに木っ端微塵に砕け散った」と記されている。また、嶺田はイギリス軍の民間人に対する非道ぶりについても触れ、清国の人の悲惨さが紹介された。中には非戦闘員である三〇人ほどの女性たちが、イギリス軍兵士に襲われた事件も紹介され、老女が川に投げ込まれ、若い女性は沖に停泊するイギリス軍艦に連れ去られたとある。はたして、実際にこのような事件が起きたのかどうか、今となっては分からないが、この本が多くの日本人に西欧諸国のアジアへの進出を強烈に印象づけたことは間違いない。同時に海防の最前線に立つ浦賀奉行所の人々は、こうした危機感をより強く持ったと思われる。

三浦半島の海防体制

天保十三年（一八四二）以降、幕府の方針に基づき、三浦半島の海防体制も大きく変わった。その始まりは同年八月で、この時、文政三年（一八二〇）から三浦半島の警備を担当していた小田原藩の任務が解かれることになった。その結果、三浦半島の警備は川越藩が一手に引き受けることになり、これにともない三浦半島に置かれた小田原藩の領地はその多くが川越藩に与えられた。また、二人体制であった浦賀奉行も一人になり、浦賀奉行が支配した役知《やくち》と預所《あずかりどころ》もかなりの部分が川越藩の領地になった。幕府が、こうした体制を取ったのは、関東では有数の大藩であり異国船と対峙できる軍事力を持つ川越藩に三浦半島でも大きな領地を与えることによって、地域防衛を強化しようとしたからであった。この方針に基づき川越藩では多くの藩士が三浦半島に常駐し、支配する三浦半島の農民と一体となって海防にあたることになった。そもそも江戸時代の大名は幕府によって領地替え（転封《てんぽう》）を受けることは珍しくなかったが、幕末の三浦半島では頻繁に領地替えがおこなわれた。

川越藩では、天保十四年（一八四三）に、大津村（横須賀市大津町）に陣屋を新設し、海防や支配の拠点とした。また、従来、浦賀奉行所が管轄した観音崎台場が川越藩に引き渡された

Ⅲ・2　旗山砲台（台場）『近海見分之図』より　神奈川県立歴史博物館所蔵

ほか、走水村《はしりみず》（横須賀市走水）には川越藩によって旗山《はたやま》台場と十石《じっこく》台場が新設された。一方、領地については同年六月になってから領地替えがおこなわれ、従来、川越藩が支配していた武蔵・上野・近江の領地が幕府に収められ、これに替えて三浦半島の大部分と現在の横浜市南部地域などで約二万石の領地が川越藩領になった。これにより、従来から川越藩が持っていた領地と合わせて三万石余が川越藩の領地になった。一方、大名領の配置替えに加えて新たに奉行所の設置もおこなわれ、同年十二月には太平洋を航行する異国船を一刻も早く発見するために、伊豆下田に下田奉行所を置くことが決められた。この結果、浦賀奉行所の設置によって廃止された下田奉行所が復活することになった。また、現在の羽田空港付近には羽田奉行所を置き、東京湾海防の拠点にすることになった。

もっとも、奉行所の復活と新設については、翌天保十五年（一八四四）に財政難から廃止となり、羽田奉行に任命された田中勝行《かつゆき》と下田奉行に任命された土岐頼旨《ときよりむね》は、それぞれ浦賀奉行に転任した。この結果、前々年に一人制になった浦賀奉行が再び二人制に戻された。また、下田奉行所の廃止にともなって、下田に配備されていた御備船《おそなえぶね》（下田丸と千里丸）が浦賀に廻送され、羽田からも押送船《おしおくりぶね》が送られた。さらに、海防体制の改変はその後も続き、弘化四年（一八四七）になると老中の阿部正弘が、川越藩に加えて彦根藩（滋賀県彦根市に城を持った藩）に三浦半島の警備を命じ、対岸の房総半島では忍《おし》藩に加えて会津藩（福島県会津若松市に城を持った藩）に警備を命じることになった。これは有力藩である彦根藩や会津藩を加えることによって海防を強化することが目的であった。

この結果、彦根藩には三浦半島の西岸部の村々が領地として与えられ、浦賀奉行の役知と預所は浦賀周辺に、川越藩の領地は三浦半島の北東部に置かれることになった。防衛拠点については、川越藩が旗山・十石・観音崎の台場と新たに設置された猿島台場を、彦根藩は城ヶ島に設置された台場や千駄《せんだ》ケ崎《さき》台場を管轄した。また、浦賀奉行所は平根山を中心に警備にあたった。こうした海防体制は嘉永六年（一八五三）のペリー来航まで続き、浦賀奉行所は彦根藩や川越藩、および対岸の房総半島を警備していた忍藩や会津藩と一体になって警備にあたることになった。

小田原藩の相模湾防衛

以上のように、東京湾をめぐる海防体制は天保末年から弘化年間に大きく変わったが、実は小田原藩が東京湾の警備を解かれた理由は二つあった。一つは前項で述べた三浦半島の警備を川越藩に一括して委任するためであり、もう一つは相模国（神奈川県西部地域）の治安維持と相模湾の海防を強化するためでもあった。すなわち、幕府は三浦半島の警備を解いた小田原藩に、新たな任務として相模国の治安維持と相模湾の海防を命じたのである。治安維持を小田原藩に委任したことについては、天保七年（一八三六）に相模国に隣接する甲斐国（山梨県）で郡内《ぐんない》（山梨県東部地域のこと）騒動と呼ばれる大規模な打ちこわし（農民による一揆）が発生したことがきっかけになった。

郡内騒動が発生したのは八月中旬で、二十日に蜂起した打ちこわし勢はたちまちの内に数千人の勢力となり、八月二十三日には甲府町（山梨県甲府市）を襲撃した。甲府代官所では手付《てつけ》や手代《てだい》を動員し防御にあたったが、城下に侵入した打ちこわし勢は一三軒の商家を襲った。翌朝、代官所は信濃国の高遠《たかとお》藩や駿河国の沼津藩などへ出兵を要請し、二十六日に至り打ちこわし勢はようやく鎮圧された。打ちこわしがおこなわれた地域は、甲府町のほか一〇六カ村に達し、三〇五軒の豪農や豪商が襲撃された。当時、豪農や豪商が米や麦を買い占めているとの噂があり、天保飢饉によって困窮した農民の不満が打ちこわしという形で爆発したのである。また、隣接する津久井地方でも甲斐国の打ちこわし勢が豪農を襲撃するとの風聞がもたらされ、津久井地方に領地を持つ小田原藩が出兵した。また、津久井地方の幕府領を支配した幕府代官江川英竜も出兵し、甲州街道の関野宿（神奈川県相模原市）に陣を置いた。

幕府は甲斐国の重要な軍事拠点である甲府町が襲撃されたことに危機感を覚え、その対応に苦慮することになった。一方、この時期、幕府は、東京湾だけでなく相模湾においても新たな海防体制を構築しようとしていた。すなわち相模湾を航行する異国船をすみやかに発見し防御にあたると同時に、異国船発見を早急に江戸に通達する体制を作ることが求められた。ここにおいて幕府は、小田原藩に対し相模川より西の地域の海防と治安の維持を命じることになった。この結果、相模湾では小田原藩によって各地に台場が作られ、伊豆の下田も小田原藩が警備することになった。同藩は真鶴《まなづる》半島や大磯、小田原城付近の海岸に台場を作り、異国船に備えた。

また、従来、小田原藩が三浦半島で与えられていた領地は相模川西部地域に移され、特に、東海道平塚宿・大磯宿、相模川河口の須賀湊《すがみなと》（神奈川県平塚市）、矢倉沢往還《やぐらさわおうかん》に沿った曽谷村《そや》（神奈川県秦野市）などの交通の要衝、甲斐国と津久井地方を結ぶ地点に位置する日連村《ひづれ》（神奈川県相模原市）などが小田原藩の領地になった。この結果、相模国西部から中央部にかけて、小田原藩による治安維持と海防強化の体制が完成した。

アメリカ合衆国の台頭

アヘン戦争によって日本においてイギリスのアジアへの侵略が問題になり始めた頃、アメリカ合衆国ではアジアへの進出が始まっていた。この点については『横浜市史』第二巻に詳しい記述がある。同書によれば、アメリカのアジア貿易への進出が始まったのは、イギリスから独立した直後の天明四年（一七八四）のことで、この時、エンプレス・オブ・チャイナ号という船が広東に到着し、中国貿易に進出したという。その後、アメリカ商船の広東への来航が相次ぎ、アメリカはしだいに中国貿易で大きな位置を占めるようになった。当時のアメリカ船の中国への航路は、大西洋を越えてアフリカ南端の喜望峰を廻るもので、途中、イギリスやオランダの植民地などでアメリカの産物と中国で販売できる商品を交換し、これを広東に運び、帰り船で中国の茶などを本国に持ち帰るというものであったという。もっとも、この段階での貿易は、アメリカ政府が関与したものではなく、商人が独自におこなったものであった。

こうした体制が大きく変わったのは、弘化元年（一八四四）に、アメリカが清国と米清通商条約を結んでからであった。この条約によってアメリカは中国の五つの港（広東・福州・厦《あ》門《もい》・寧波《にんぽー》・上海）を開港させ、開港場においてアメリカ商人が公式に貿易することが認められた。また、アメリカは清国に対し領事裁判権と治外法権を認めさせ、最恵国条款を獲得した。その後、アメリカは開港場にアメリカ租界を建設し、弁務官（公使）や領事が順次赴任することになった。条約締結後、対中国貿易もしだいに拡大し、『横浜市史』によれば、嘉永元年（一八四八）に開港場に入港したアメリカ船は、広東六七艘をはじめとして上海二〇艘、厦門八艘に達し、この数はイギリスに次いで第二位を占めた。当時の貿易品は中国からアメリカに送られる茶が圧倒的に多く、弘化二年（一八四五）からの一〇年間の平均輸出量は年間九〇〇〇トンを超えた。また、後に中国からの主要輸出品になる生糸も増加傾向にあった。

一方、『横浜市史』には天保十三年（一八四二）と安政元年（一八五四）のアメリカから広東に送られた商品の価額が紹介されているが、両年次にわたって主要な商品として示されたのは金銀地金（通貨を含む）と綿製品であった。このほか、人参・毛皮・鉛製品・鉄製品などもかなりの価額に達した。この内、綿製品はアメリカの大西洋岸北部地域で生産されたものであり、アメリカで産業革命が発展した結果、中国への輸出拡大につながった。また、毛皮はアラスカなどで捕獲された海獣の毛皮で、中国貿易が始まった頃の主要な扱い品であった。残念ながら『横浜市史』には他の開港場の統計が示されていないが、その傾向は知ることができる。

ところで、アメリカの中国進出を考える上で、通商条約の締結と並んで、大きな意味を持ったのはアメリカの太平洋岸への領地の拡大であった。アメリカは建国以来、西部への進出を進めたが、弘化三年（一八四六）のオレゴン（太平洋岸北部地域）の領有と嘉永元年（一八四八）のカリフォルニア（太平洋岸南部地域）の併合によって、アメリカは太平洋を隔ててアジアの隣国になった。この結果、アメリカから中国への距離は短縮され、アメリカ商人がイギリス商人と対抗できる基盤ができあがった。

マンハタン号の来航

弘化二年（一八四五）三月、日本人の漂流民を送還するために、アメリカの捕鯨船マンハタン号が浦賀に来航した。船長のマーケーター・クーパーは幕府役人と交渉を繰り返し、最終的に漂流民全員を日本に引き渡して東京湾を退去した。この事件は、浦賀から漂流民が帰国した最初の事例となり、クーパー船長は幕府と交渉した初めてのアメリカ人になった。事件については「通航一覧続輯《つうこういちらんぞくしゅう》」に関係資料が収録されているほか、平尾信子氏がアメリカに残された資料を活用して詳細な分析をおこなっている（『黒船前夜の出会い』NHKブックス）。ここでは、これらを参考にしながら漂流民の送還をめぐっての日米交渉の様子を紹介したい。

マンハタン号が房総半島の沖に発見されたのは二月十七日で、この時、同船には二二人の日本人漂流民が乗っていた。漂流民は幸宝丸と千寿丸という二艘の廻船の乗組員で、幸宝丸の乗組員は鳥島に漂着したところを二月八日に救助された。千寿丸の乗組員はその翌日に漂流中のところを同船に助けられた。この時、マンハタン号においてどのようなことがあったのかは分からないが、クーパー船長は漂流民を日本に送り届けることを決めた。幕府への最初の報告によれば、マンハタン号が警備陣に発見されたのは房総半島の東南端であった。その後、同船は太平洋上を北上し、同日の夕方、現在の千葉県勝浦市で日本側に連絡を取るために二人の漂流民を上陸させた。さらに、船長は現在の千葉県千倉《ちくら》町の沖でも二人の漂流民を上陸させ、この時、上陸した漂流民の一人は村役人に付き添われ浦賀奉行所に出頭した。

浦賀奉行所から連絡を受けた幕府は直ちに協議を始め、浦賀奉行の土岐頼旨に対応策を諮問した。問題は漂流民をどこで受け取るかであり、本来ならば長崎で漂流民を受け取るべきであった。しかし、土岐は漂流民が外国に滞在したわけでなく、海上で異国船に救助されたものであり、例外として長崎以外の場所で漂流民を受け入れるべきであると述べた。土岐の上申書には異国船を長崎まで向かわせることは、日本人を助けたという人道的な行為に対し報いることにならないと記され、土岐は、捕鯨という仕事を放棄してまで漂流民を保護したマンハタン号には感謝すべきであり、同船に「手当」も渡すべきと主張した。これに対し、幕閣は、長崎以外の土地で漂流民を受け取ることが禁止されているとの従来からの見解を繰り返すのみであった。

幕府での協議が進められていた間、マンハタン号は茨城県水戸市の沖から八丈島にかけての海域を航海していたが、三月十日に房総半島の南に位置する館山（千葉県館山市）付近に再び来航した。しかし、館山では風が強く碇泊できないことが判明したため、急遽、浦賀への入港が認められた。マンハタン号が浦賀に到着したのは三月十一日の夕刻で、浦賀ではマンハタン号の回りを警備艇が取り囲み、平根山には与力が出動した。翌日には通詞《つうじ》の森山栄之助《えいのすけ》が船に赴き、マンハタン号には途中で上陸を果たした者以外の一八人の漂流民が乗っていることが判明した。事態が変わったのは三月十四日で、江戸で幕閣と協議していた土岐が浦賀に到着したことがきっかけであった。この時、土岐は老中から漂流民を浦賀で受け取っても良いとの指示を受けていた。はたして、江戸でどのような協議がおこなわれたのかは分からないが、最終的に老中の阿部正弘が土岐の主張を受け入れたと思われる。この時の命令書には「一時《いちじ》の権道《けんどう》」をもって漂流民を浦賀で受け入れるとあり、阿部が臨機応変に対応したことが分かる。この結果、同日中に漂流民は浦賀に上陸することになり、翌日にマンハタン号は錨を上げた。アメリカとの国交が結ばれるのはまだまだ先のことであったが、阿部と土岐の現実的な対応が、新たなアメリカと日本との交流の歴史を作ることになった。

漂流民受取の過程で

マンハタン号が浦賀に滞在したのはわずか五日間であったが、薪水給与令が復活したこともあり、浦賀では友好的な交流がおこなわれた。ちなみに「通航一覧続輯」には「亜米利加船雑事《あめりかせんざつじ》」と題された史料が収録され、この間の様子が記されている。マンハタン号には二八人の乗組員が乗船し、一八人がアメリカ人、二人がフランス人、八人が黒人およびアメリカ先住民などであった。黒人については南アメリカ人と注記があり、オランダ人が連れてくる黒人とは容貌が違うとある。船中の様子については、交渉がおこなわれた部屋の様子が記され、日本近海の地図が置かれていたとある。地図には浦賀湊の様子が詳しく記述され、地図上に横文字も記されていたとある。また、マンハタン号が途中の島で購入した芋も見せられ、薩摩芋と良く似ていたと記している。

一方、乗組員の中にはふざけて森山らに蹴りかかる者もあり、剣術の武技を見せる者もいたという。また、腕に女性の名前や妻の絵を入れ墨した乗組員もいたようで、なかには鯨の絵を腕に入れている者もいた。嗜好品については、コーヒーやワインを飲むこと、噛み煙草を用いたとある。時にはアメリカの歴史に話が及ぶこともあり、乗組員がイギリスとアメリカの戦争について記した絵入りの軍書を見せたとある。また、アヘン戦争の結果、イギリスが清朝の土地を奪ったことを記した地図も見せられたという。さらに、クーパー船長はアメリカの自宅を描いた絵図を森山らに示し、私には三十四歳の妻と二人の娘がいると述べた。興味深い記述は漂流民の一人であった十歳の勝之助について記した項目で、乗組員たちは粗末な着物を着た勝之助を哀れに思い、アメリカへ連れ帰りたいと述べたという。実際に勝之助が渡米することはなかったが、日本人がマンハタン号に暖かく迎えられたことを示すエピソードであろう。

ところで、マンハタン号の退去後、交渉にあたった浦賀奉行所の与力や同心には幕府から褒美が与えられた。まず、奉行所に詰めた与力の中島清司《きよし》と田中信吾および平根山や三崎に詰めた与力の近藤改蔵・中島三郎助《さぶろうすけ》・合原操蔵《ごうはらそうぞう》らには銀三枚が与えられた。また、中島清司・田中信吾・近藤改蔵・合原操蔵には「格別骨折《かくべつほねおり》」があったことを理由に別途、老中の阿部から褒美が与えられた。さらに、通詞を勤めた森山栄之助にも阿部から褒美が与えられた。これに加えて警備にあたった諸藩の藩士にもそれぞれ褒美が渡された。一方、浦賀奉行所が受け取った一八人の漂流民は、その後の協議の結果、浦賀奉行から勘定奉行に引き渡すことが決定した。漂流民が浦賀を出発したのは四月二十五日で、史料には「腰縄付」とあるから漂流民は縄で縛られ江戸に送られたようである。一行には浦賀奉行所の同心が同行し、四月二十七日に江戸に到着した。その後、勘定奉行により取り調べがおこなわれ、漂流民は郷里に帰ったと思われるが、その点については記されていない。また、平尾信子氏は、ペリーが日本に来航するにあたって人を介してクーパー船長に手紙を送り、日本の状況を尋ねたことを明らかにしたが、浦賀でおこなわれた初の日米交渉はその後のアメリカ合衆国の対日政策にもなんらかの影響を与えたのかもしれない。

第Ⅳ章　ビッドル艦隊の出現

アメリカ合衆国と日本

マンハタン号が浦賀に来航した頃、アメリカでは議会が日本への使節の派遣を求め始めていた。この点についても『横浜市史』第二巻に記述があるので、同書を参考にしながらアメリカ政府の対日政策を眺めてみよう。同書によれば、アメリカ政府が使節の派遣を検討するようになったのは、弘化二年（一八四五）一月のことで、下院議員プラットが対日政策に関する建議書を下院に提出したことがきっかけであった。彼は、アメリカ人が日本との通商に関心を持っていない現状を指摘し、米清通商条約が締結された以上、今後は日本も開国させるべきと主張した。建議書には「日本や朝鮮半島において、アメリカ政府が発行する旅券や証明書を使って、アメリカ人が自由に商業活動に従事できるようにする必要があり、いまや日本との通商を求める使節をおくるべきである」と記されていた。建議を受けたアメリカ政府は、これ以後、対日通商問題に本格的に取り組むことになった。

その後、アメリカでは米清通商条約を批准するために、公使のエヴェレットを中国に派遣することになり、政府は彼に日本との通商条約締結の全権を与えることになった。また、同時に政府は、アメリカ東インド艦隊司令長官のジェームズ・ビッドルに日本が開国する可能性を探ることを命じ、エヴェレット公使に訪日の意志がある場合には艦隊に乗船させることを指示した。しかし、公使は、その後、健康を害したため、日本への来航はビッドルだけでおこなわれることになった。最終的にビッドルは広東で清国との批准書の交換をおこない、弘化三年（一八四六）閏五月十四日に中国を出港し日本へ向かった。

ところで、ビッドルが日本に向けて航海を始めた頃、アメリカの捕鯨船の乗組員が択捉島《えとろふとう》に漂着する事件が発生した。彼らは、その後、長崎に護送され本国に送還されたが、その後、乗組員の一人が日本で虐待されたとの嘘の情報を流し、議会がペリー来航直前にこれを問題視するようになった。ペリー来航直前の状況については後述するが、ここでは捕鯨船の乗組員が長崎に護送された経緯について簡単に触れておきたい。捕鯨船ローレンス号の乗組員七名が択捉島に漂着したのは、弘化三年四月十一日で、この船は北太平洋に出漁中に嵐にあった。外国人漂着の情報は直ちに択捉島を管理する松前藩に伝えられ、同藩は乗組員を救助し、翌年六月に長崎に護送した。これに対し、長崎奉行平賀勝足《かつたり》は、崇福寺《そうふくじ》末寺の緑羅庵に乗組員を拘置した後、オランダを通じて彼らを送還することにした。

乗組員のオランダ船への引き渡しは九月十九日で、約一年半の滞日であった。長崎奉行は拘置にあたって人道的な待遇に留意したが、乗組員のジョージ・ハウは、日本滞在中に囚人のような待遇を受け、乗組員の一人が殺害されたとの嘘の発言をした。また、ローレンス号事件から二年後の嘉永元年（一八四八）五月にはアメリカの捕鯨船ラゴダ号から脱走した乗組員が松前に漂着し、その後、長崎に送られ、崇福寺境内に作られた牢屋敷に拘置される事件も発生した。さらに、同年六月には、アメリカ先住民の血を引く捕鯨船プリマス号の乗組員マクドナルドが、日本を父祖の地と考え、みずから希望して利尻島に上陸する事件も発生し、相次ぐアメリカ捕鯨船乗組員の漂着に幕府は頭を悩ませることになった。また、マクドナルドは、同年九月に長崎に護送され、崇福寺末寺の大悲庵に収監されたが、同寺においてマンハタン号事件の時に通詞《つうじ》として活躍した森山に英語を教授した話は有名である。いずれにしても日米和親条約の締結に向けて、日本とアメリカは交流と摩擦を繰り返しながら、関係を深めていくことになった。

古記録に記されたビッドル艦隊の来航

弘化三年（一八四六）閏五月二十七日、ビッドルはコロンバス号とヴィンセンス号の軍艦二艘を率いて三崎沖に姿を現した。前日には伊豆半島の沖を航行する艦隊が発見されており、通報を受けた浦賀奉行所では警備を強化していた。東京湾を守備する川越藩と忍《おし》藩は軍勢を三浦半島に派遣し、金沢藩（横浜市金沢区に陣屋を持った藩）などの諸藩の藩兵も配置についた。この時、浦賀奉行の大久保忠豊《ただとよ》は、直ちに平根山《ひらねやま》台場に出陣し陣頭指揮を取った。ビッドル艦隊は江戸近海に初めて来航した軍艦であり、その戦闘能力は極めて高かった。旗艦のコロンバス号には七八〇名もの兵士が乗り込み、同船は八六門もの大砲を備えていた。また、随行艦のヴィンセンス号にも一九〇名が乗り込み、二四門の大砲が備えられていた。その様子を「城のようだ」と記した記録もあり、人々はビッドル艦隊の巨大な軍事力に驚きの目を向けた。ちなみに、当時、東京湾とその周辺地域の台場に備えられた大砲をすべて合わせても、コロンバス号の搭載した大砲の数に及ばなかったと伝えられている。

ところで、「通航一覧続輯《つうこういちらんぞくしゅう》」は、与力の中島三郎助《さぶろうすけ》と近藤良次《りょうじ》が、二十七日に浦賀湊に入港した廻船からビッドル艦隊を発見した時の聞き取りをしたと記しているから、まず浦賀奉行所ではビッドル艦隊の様子について情報を収集したようである。その後、艦隊は同日中に野比《のび》村（浦賀町の南、久里浜付近）沖に進んだが、浦賀奉行所では通詞の堀達之助を現地に派遣し、堀は与力の佐々倉桐太郎《とうたろう》や香山又蔵《かやままたぞう》とともにコロンバス号に乗船した。こうして艦隊がアメリカ合衆国の船であることが判明し、ビッドルは英語で記された文書を堀に手渡した。奉行所に戻った堀はビッドルが渡した文書の解読に努め、翌日には艦隊がアメリカ政府の命令で来航し、日本との通商を求めていることが判明した。

この情報は江戸在勤の浦賀奉行の一柳直方《いちやなぎなおかた》にも伝えられ、一柳からの報告を受けた幕閣は直ちに対応策を協議することになった。一柳が幕府の命令で江戸を出立したのは二十九日で、彼は六月一日に浦賀に到着し、翌日、もう一人の奉行である大久保との協議を終えた。その後、一柳は大久保との連名で、ビッドル艦隊に薪水を供給すること、外国との通商は国禁であることをビッドルに伝えることを幕閣に上申した。これに対し、幕閣も浦賀奉行所の方針を認め、これ以後、ビッドルへの申し渡しの準備が始まった。六月三日には幕府が川越藩主松平斉典《なりのり》と忍藩藩主松平忠国《ただくに》に対し、藩主自らが浦賀に出動し陣頭指揮を取ることを命じたが、東京湾において藩主の出陣は例がなく、幕府がビッドルへの申し渡しに際して不測の事態が起こることを危惧していたことが分かる。

Ⅳ・1　ビッドル艦隊の乗組員　右から二人目がビッドル。「亜墨利加人上陸之図」より　横浜開港資料館所蔵

また、浦賀奉行所では与力の近藤改蔵・合原操蔵《ごうはらそうぞう》・中島三郎助が中心になって防衛に当たることが決められた。

ビッドルへの申し渡しがおこなわれたのは六月五日で、通詞の堀は、与力の石山作之丞・中島三郎助・合原操蔵・畑藤三郎らの指揮する御備船に乗って艦隊に向かった。こうして堀からビッドルに対し「日本が外国と通信・通商をしないこと」が通告され、ビッドルは浦賀沖から退去することを伝えた。また、ビッドル艦隊の退去に際しては、幕府から薪五〇〇〇本・玉子三〇〇〇個・小麦二俵・梨三〇〇〇個、茄子二〇〇〇個などが渡された。ビッドルが東京湾を退去したのは六月七日で、一〇日間に及んだ異国船来航の騒ぎは終結した。この時、警備にあたった川越藩が村々から動員した船や漁民の人数が分かっているが、その数は船三六五七艘、水主《かこ》（船を操る人）二万六六五七人、水夫一万八九七六人に達した。繰り返される異国船の来航に三浦半島の人々は大きな負担を求められたようである。

干鰯問屋宮原屋に残された記録から

横須賀市自然・人文博物館に山内秋郎氏が収集した文書群が所蔵され、その中に浦賀の干鰯《ほしか》問屋宮原屋が作成した「異国船夢物語」（『新横須賀市史、資料編、近世Ⅰ』に収録）と題された文書がある。この文書は、ビッドル艦隊来航時の浦賀町の様子について記したもので、公文書からは知ることができない内容を含んでいる。干鰯は〆粕《しめかす》とともに江戸時代になって消費が急激に拡大した魚肥で、主に房総半島で獲れた鰯を干したものであった。一方、浦賀湊は干鰯の集散地で、東浦賀には多くの干鰯問屋が建ち並んでいた。また、「異国船夢物語」を記した宮原屋はもっとも大きな干鰯問屋のひとつで、浦賀を経済的に支える商人として奉行所の与力とも関係が深かった。そのため、ビッドル艦隊来航に際しても、与力から正しい情報を得ることができ、自分の見たことを加えて一冊の記録を残したと考えられる。

「異国船夢物語」の記述は、ビッドル艦隊が三崎の沖に姿を現した時から始まり、臨場感あふれる文章で艦隊の退去までを紹介している。最初の記述は連絡を受けた奉行所の与力と同心が三崎沖に出動する場面であり、彼らが御備船に乗った様子を「高浪を凌ぎ、矢を射るごとく」に船を走らせたと述べている。この時、真っ先に現場に急行したのは与力の佐々倉桐太郎であったから、その様子を記したと思われる。その後、浦賀奉行所では一番船から六番船までの御備船を艦隊が停泊した野比沖に出動させたが、その様子についても「一騎当千の面々、一番船より六番船まで乗りだし」と記している。また、奉行の大久保が出馬した平根山台場には浦賀湊の商人が兵粮《ひようろう》を運び込んだことを紹介している。一方、閏五月二十七日夜の様子については、篝火《かがりび》が焚かれ、御備船や御用船が数百艘も艦隊の周りを取り囲んだとある。船に乗った警備陣は槍や鉄砲を所持し、それぞれの船では船印の旗を翻したとある。また、彼らは法螺貝《ほらがい》・鐘・太鼓を鳴らしたとあるから、野比沖は騒然とした状況であった。

この時、三浦半島を警備する川越藩や房総半島を警備した忍藩の藩兵も続々と集結したようで、「松平大和守《やまとのかみ》（川越藩）、松平下総守《しもうさのかみ》（忍藩）、両御固所《りようおかためどころ》（防衛拠点）よりの備船、追々先後争い浦賀湊へ着到せり」と記されている。この日の天候については曇天で霧が出ていたとあり、「四方朦々《しほうもうもう》」とあるから見通しがかなり悪かったようである。コロンバス号の装備については、船の中腹に一七挺の大砲が窓から見えたとあり、その一段上の窓からも大砲が突き出ていたとある。さらに、船縁にも一一挺の大砲が置かれていたと紹介している。同船の船の中の様子については、机に書物がたくさん置かれ、乗組員が計器を使って星の位置を確認し、海路や風雨を計測しているとある。アメリカ国旗については「大吹き流しで、八畳の大きさ」と紹介し、簡単な旗の絵を付している。また、船中には八〇〇挺に達する鉄砲が置かれ、乗組員の武器の携帯についても触れている。

与力や通詞が乗船した時に、食べ物についても見聞したようで、「異国船夢物語」にはアメリカ人が大食いであり鳥や獣の肉を好んだとある。また、乗船時に酒を飲んだ者がいたのであろうか、酒の味は悪いと紹介している。さらに、パンについては「うどん粉のごとき物」と紹介し、安倍川餅のようなものとあり、パンに味噌も塩も付けないで食べることには驚きの声を上げた。一方、艦隊来航時に浦賀湊に入港していた「千石船」が警備のために動員されたようで、これらの船には川越藩や忍藩の家紋が入った旗が掲げられ、両藩の藩兵が乗船したとある。この時の様子については「海陸とも幟旗《のぼりばた》、剣戟《けんげき》の光日中にきらめき、夜は船に提灯は綺羅星のごとく、山々篝火は白昼のごとく海底を照らし、思い思い異船を囲み、微塵になさんと待ちかけたり」と記されている。やや脚色が入っているかもしれないが、あたかも合戦絵巻を眺めているかのような感がある。

中島三郎助の手紙から

浦賀奉行所与力の中島三郎助が、ビッドル艦隊の来航時に記した手紙が、「弘化雑記」（内閣文庫所蔵）という資料に収録されている。中島がこの手紙を書いたのは六月八日で、艦隊が東京湾を退去した直後に記されたものであった。手紙には中島が、二十七日に鶴崎の御備場《おそなえば》で警備に従事したことや六月五日に御備船に乗り、艦隊の近くで警備にあたったことが記されている。六月五日という日は、ビッドルに対しアメリカと通商する可能性がないことが伝えられた日であり、この日にビッドル艦隊が軍事行動に出る可能性があった。そのため、警備陣の緊張が高まり、中島は「一統討死《いっとううちじに》」（警備に当たった者がすべて討死すること）を覚悟したと記されている。また、従来の異国船来航にくらべて諸藩の警備は厳重であり、中島は各藩の警備状況を「前代未聞の厳重さ」と記し、その様子を簡単には手紙で表現できないと述べている。

ところで、ビッドル艦隊来航に際して、中島が「討死」を覚悟するほどの思いを持った理由は何だったのだろうか。ひとつは艦隊の巨大な軍事力にあったことは間違いないが、もうひとつの理由として中島家の家柄にも理由があったように感じられる。中島家については多々良四郎氏の研究（『中島三郎助』）があり、同家が浦賀奉行所の前身である下田奉行所時代から与力をつとめた家柄だったことが分かっている。そのため中島家は長く与力をつとめると同時に代々浦賀町と密接な関係を持って暮らしてきた。つまり、浦賀は中島の生まれ育った町であり、彼は職務として警備に当たるだけでなく、中島家の郷里を守りたいという強い思いがあったように感じられる。ちなみに中島が生まれたのは文政四年（一八二一）で、当時、父の清司《きよし》も与力をつとめていた。また、中島が与力見習になったのは天保六年（一八三五）で、その後、中

Ⅳ・2　**中島三郎助**　中島三郎助資料室所蔵

島と父清司は共に浦賀奉行所を舞台として活躍した。

中島が与力に昇格したのは嘉永二年（一八四九）で、これ以後、彼は次男の恒太郎《こうたろう》、三男の英次郎《ふさじろう》（長男は三歳で死亡）と共に戊辰戦争で戦死する迄の間、全国各地を飛び回り、幕末の歴史に名を残していった。浦賀奉行所の与力には短期間その職に就く者もいたが、中島のように代々世襲して与力をつとめる者も多かった。奉行所の関係資料に度々登場する近藤・合原・佐々倉・神野・松村・堀はそうした家柄の与力たちであった。中島は、そうした与力たちの代表格と言えるのかもしれない。

このほか、中島についてはいくつかのエピソードがあるが、若くから文武に秀でた人物として知られたと言う。彼は多くの師から文武を学んだが、剣術は北辰一刀流の千葉周作から、砲術は高島流を下曽根《しもそね》金三郎から、朱子学は佐藤謙三郎から学んでいる。中島はこうした研鑽を積むことによって、歴史に名を残す人物になったと言えるのかもしれない。また、家族については、天保八年（一八三七）に従妹のすずと結婚したことが分かっている。その後、彼は九人の子供（一人は養女）を持つことになったが、浦賀は与力たちが子供を育てる町でもあった。中島は、後に紹介するように戊辰戦争時に戦地から家族に手紙を出しているが、そこには家族への深い愛情を感じることができる。ビッドル艦隊来航時、浦賀町への砲撃があれば愛する家族へも被害が及ぶことが想定され、与力たちが必死の思いで警備にあたったことは間違いない。中島の手紙はそうした思いを現在に伝えている。

ビッドル艦隊の波紋

ビッドル艦隊が退去してからわずか二一日後の弘化三年（一八四六）六月二十八日、激しい風雨の中、一艘の異国船が相模湾に姿を現した。デンマークの軍艦ガラテア号である。同船の来航目的は日本沿岸の測量であったが、幕府は相次ぐ軍艦の来航に強い危機感を持った。幸いなことにガラテア号は翌日に日本沿岸から退去したが、老中の阿部正弘は善後策を協議するために直ちに勘定奉行・江戸町奉行・寺社奉行を集め、異国船打払令復活について話し合った。また、八月二十日には阿部が海防掛《かいぼうがかり》目付の松平近韶《ちかつぐ》に、現在の千葉県から静岡県にかけての海岸部を視察することを命じ、松平は九月中旬から浦賀に足を運んだ。松平の浦賀到着は九月十八日の夕刻で、この時の様子を記した文書が残されている（横須賀史学研究会編『浦賀奉行所史料』下巻）。

　文書によれば、松平が宿所にしたのは西浦賀の古義真言宗の感応院《かんのういん》で、九月十九日に宿所を出た松平は奉行所において奉行の大久保忠豊に面会した。また、与力の中島清司・近藤改蔵・合原操蔵とも面会し、二十一日からの視察について協議した。二十一日早朝からは配下の徒目《かちめ》付《つけ》や小人目付《こびとめつけ》を引き連れ、平根山や鶴崎に設置された大砲を視察し、二十二日には押送船《おしおくりぶね》に乗り川越藩が警備する旗山《はたやま》と十石《じっこく》の台場に向かった。その後も各地の視察が続き、二十三日には川越藩大津陣屋から猿島に渡海した。二十四日に再び大久保との会議を済ませた松平は、奉行所において与力や同心が所持する鉄砲を視察した。その後、松平は十月五日から房総半島に赴いたが、十八日には再び浦賀に戻り、砲術の訓練などを視察すると同時に、与力らに海防の強化について諮問した。松平が浦賀を出立したのは二十四日で、約一カ月に及んだ三浦半島と房総半島の視察が終わった。

　ところで『浦賀奉行所史料』に収録された文書には、与力の中島清司と田中信吾が、洋式軍艦の建造について松平に提出した上申書が含まれている。当時、幕府は海軍力を強化するため

Ⅳ・3　**蒼隼丸**　左端の船が蒼隼丸。　『近海見分之図』より　神奈川県立歴史博物館所蔵

に、洋式軍艦を浦賀において建造できないかと考えたようで、松平は長崎からオランダ人を呼び寄せることなく日本の船大工だけで洋式軍艦の建造ができないかと中島らに諮問した。諮問がおこなわれたのは十月十八日で、その後、二人は書面（上申書）をもって松平に回答した。書面によれば、中島らは日本人だけでは洋式軍艦を建造できないと答えている。その理由として大型の和船一艘を建造する時でも、日本の船大工約三〇人が五カ月間も作業をする必要があり、洋式軍艦は和船よりはるかに精密なため建造は難しいことをあげた。また、たとえ洋式軍艦が完成したとしてもオランダ人の指導を受けなければ軍艦を操ることもできないと述べた。さらに、洋式軍艦は遠洋航海用の船であり、日本の場合

はそうした船を持つ必要がないことを指摘した。その結果、当面、当時、日本にはなかった船上から大砲を発射できるような大きさの和船を日本の船大工に建造させるべきと回答した。

この問題については、その後も幕府で活発な議論がおこなわれ、弘化四年（一八四七）以降になると、老中の阿部正弘を中心に洋式軍艦の導入が再三にわたって検討された。しかし、洋式軍艦の建造は容易なことではなく、幕府内部で軍事の西洋化そのものに反対する者がいたことに加えて予算がないことを理由に反対する者も多くいたため、実際に浦賀において小さな和洋折衷の蒼隼丸《そうしゅんまる》が竣工したのは嘉永二年（一八四九）になってからであった。また、浦賀における大型の洋式軍艦の竣工は安政元年（一八五四）まで待たなければならなかった。

国防意識の喚起

嘉永二年（一八四九）閏四月八日、ガラテア号に次いでイギリス軍艦マリナー号が三崎沖に来航した。来航の報を受けた浦賀奉行所では与力・同心・通詞を現場に派遣し、日本近海からの退去を求めた。これに対しマリナー号は沿岸地域を測量した後、十二日に伊豆方面に向けて出帆した。その後、同船は伊豆大島や下田にも来航し、乗組員が上陸して測量をおこなった。

乗組員が日本に上陸するという事態を憂慮した老中阿部正弘は、十二月二十八日に、海防の強化を命じた。この命令は、大名・旗本・寺社を通じて全国に通達され、阿部は百姓や町人も自分のできる範囲で力を尽くして異国船の来航に備えよと述べた。さらに、阿部は、国民の国防意識の喚起を求め、「国恩《こくおん》」に報いる時が来たと達した。

阿部の命令は『幕末御触書集成《ばくまつおふれがきしゅうせい》』（岩波書店）に収録されているが、阿部はマリナー号の行為が不当であり、近年、異国船が増長してきていることを指摘した。こうした状況が続けば、外国人が日本を軽蔑するようになり、「国威」にかかわるようなことも発生すると述べた。また、万一、戦闘が起きることも想定し、その準備を怠りなくするようにと命じた。具体的には、大名が領地の様子をきちんと掌握し、台場や土塁の位置や藩士の配備状況を勘案して防衛計画を立てることを命じた。また、小藩に対しては近隣の藩からの援兵を要請できる体制を事前に作ることが求められた。戦闘には郷士《ごうし》や農兵も参加させることが想定され、攻撃力の強化が求められた。

一方、阿部は、海に囲まれた日本ではどこに異国船が来航するかを予測できないとし、複数の西洋諸国が絶えず日本近海を航行している現状を述べ、国防費の増加によって諸藩が疲弊することを苦慮しているとも述べた。こうした事態を避けるためには「実用永久の備え」（費用をかけずに実用的で永続的な対策）を構築することが必要であり、この点に留意することを求めた。さらに、阿部は、「諸侯（大名）は藩屏《はんぺい》（幕府を守ること）の任を忘れず、旗本の諸士と御家人はご膝元のご奉公を心がけ、百姓は百姓だけ、町人は町人だけ、銘々持ち寄り、当然の筋をもって力を尽くし、その筋のご奉公致し候」と全国民の結集を求めた。

幕府トップの海防についての発言は、諸藩や奉行所の海防体制の構築にも影響を与えることになったが、現実には幕府も諸藩も厳しい財政状況にあり、必ずしも防衛力の強化に費用をかけることはできなかった。一方、百姓や町人の国防への参加も各地でさまざまな形でおこなわれたが、浦賀においては嘉永五年（一八五二）から幕府の要請に応じて水揚商人（廻船荷物を取引した商人）が多額の金を奉行所に上納するようになり、この金が台場の築造や農兵の活動費に使用されるようになった。

浦賀奉行の浦賀防衛計画

嘉永三年（一八五〇）十二月、浦賀奉行戸田氏栄《うじひで》と浅野長祚《ながよし》は、浦賀の海防についての上申書を幕府に提出した。上申書は『浦賀奉行史』（高橋恭一著、名著出版）に収録されているが、上申書からビッドル艦隊来航後の浦賀の防衛体制について具体的に知ることができる。当時、浦賀奉行は、相次ぐ異国船の来航に危機感を強め、幕府に対して海防の強化を求めていた。具体的には、異国船に対抗できるように大砲を搭載できる船を建造すること、台場の防備を強化することを要求した。興味深い点は、異国船の大砲は船の移動にともない自由に動き回ることができるのに対し、台場の大砲は固定しているため、来航する異国船の倍の大砲を備えない限り十分な防衛ができないとしている点である。奉行は異国船の大砲は「活物《いきもの》」と表記し、台場の大砲を「死物《しにもの》」と記しているから、台場の大砲をほとんど役に立たないと考えたようである。

当時、幕府は三浦半島の海防を強化するために、川越藩に加えて彦根藩にも海防を命じ、同藩は新たに千駄《せんだ》ケ崎《さき》台場・荒崎台場・剣崎《つるぎざき》台場などを築造した。また、川越藩も新たに猿島台場を築造したが、奉行は台場の築造にもかかわらず防衛力が弱いと考えていたことになる。また、奉行は、異国船が江戸を守るための最終防衛ラインである観音崎と富津洲《ふっつのす》（千葉県富津市）を結ぶ線を楽々と越えるであろうと予測している。こうした弱点を克服するために和洋折衷の船（蒼隼丸）が建造されたことは先述した通りである。一方、奉行所の建物についても、奉行は、奉行所が砦のような構造ではなく異国船から攻撃を受ければ炎上するとし、その際、与力や同心の家族が住む奉行所周辺地域も攻撃を受けることを指摘した。また、そのような事態になれば攻撃に従事する同心らが「鋭気」を失うと述べている。そのため、奉行はこうした施設を湊の入口から湾の奥に移転させ、砦のような構造にすべきことを提案した。

さらに、異国船が来航した時に屯所や兵粮を置く場所がないことも指摘し、湊の入口にある平根山の麓にこうした施設を設置することを提案した。また、奉行はオランダから二〇挺の大砲を備えた大船を五艘入手する必要があると主張し、一艘を浦賀湊に常駐させると同時に、東京湾防衛にあたる川越・彦根・会津・忍の四藩に船を与えることを提案した。これに加えて、奉行は相模湾や江戸の前面での防衛体制にまで提案をおこなっているが、財政困窮の状況にある幕府にとってこうした要求を実現することは難しかった。東京湾の防衛が、異国船来航に対し脆弱であったことは奉行の指摘通りであるが、上申書からは防衛の最前線で陣頭指揮を取らされた浦賀奉行の苦悩ぶりをうかがうことができる。こうした状況のもと、浦賀奉行所の人々は、幕末動乱の幕開けであるペリー来航を迎えることになった。

第Ⅴ章　ペリー艦隊の来航と浦賀奉行所の人々

使節派遣についての議論

一九世紀の半ばに太平洋岸まで領地を拡大したアメリカでは日本への関心が高まっていたが、この頃、ニューヨークの実業家たちはカリフォルニアと上海を結ぶ北太平洋横断航路を開設することを計画していた。また、『横浜市史』第二巻によれば、同時期にニューヨークを拠点に活動した米国中外貿易代理社長のパーマーは、フィルモア大統領に対し日本に向けて艦隊を派遣し通商条約を結ぶことを求めたと言う。さらに、彼は嘉永三年（一八五〇）に、友人であった長崎オランダ商館長のレフィソーンに対し、日本に漂着したアメリカ捕鯨船の乗組員がオランダ商館を通じて送還されたことを感謝する手紙を記し、その中で捕鯨船の乗組員が日本で非人道的な待遇を受けたとの風聞があることに触れた。こうした事態をなくすために、アメリカ政府が軍艦を江戸に派遣し、通商条約を結ぶべきであると述べた。

このように当時のアメリカでは、日本との条約締結に向けての議論が始まっていたが、この点について加藤祐三氏は、条約締結によって捕鯨船乗組員を保護・救出することを容易にすることがアメリカ政府のもっとも重要な課題であったと述べた（『黒船前後の世界』岩波書店）。特に、捕鯨船ラゴダ号の乗組員を長崎まで迎えに行ったアメリカ軍艦プレブル号の艦長ジェームス・グリンが、嘉永四年（一八五一）五月十一日にフィルモア大統領に提出した意見書が日本への使節派遣のきっかけになったと言う。すなわち捕鯨船の日本近海への出漁の増加によりアメリカ国民が日本へ漂着することが多発し、自国民を外交的に保護することを目的に使節派遣が計画されたと言うのである。また、使節派遣を議会や世論に説明する際に、太平洋の汽船航路の開設と日本での石炭供給、イギリスに対抗したアメリカのアジアでの地位の向上などが使節派遣の理由として付け加えられたと言う。

ところで、三谷博氏の研究（『ペリー来航』吉川弘文館）によれば、この時、海軍長官のグレイアムは、後に艦隊を率いて日本に向かうことになったペリーに使節派遣について計画することを依頼したと言う。ペリーの計画では、軍艦によって圧力をかけることによって日本に開港を認めさせ、その後は外交官を派遣し、貿易や外交体制を順次整備していくことになっていた。この計画は、その後、国務長官のウェブスターに容れられ、アメリカはビッドル艦隊、プレブル号に続いて使節を日本に派遣することを決定した。当初、使節に任命されたのは東インド艦隊司令長官のオーリックで、彼は嘉永四年五月九日に新造の蒸気軍艦サスケハナ号に乗って中国に向かった。しかし、オーリックは、サスケハナ号艦長インマンとの折り合いが悪かったことや海軍省の許可なく息子や知人を軍艦に乗船させたとの噂が流れたことから香港で解任され、その後任にペリーが任命された。こうしてペリーは、日本との条約を結ぶべく準備を始めることになった。

当初、ペリーは多くの軍艦を率いて来日することを求めたが、アメリカ政府が新たな軍艦の派遣を見送ったこともあり、わずか四艘の軍艦を率いて日本に向かうことになった。最終的に、ペリーは那覇（沖縄県那覇市）にサスケハナ号・ミシシッピ号・プリマス号・サラトガ号から成る艦隊を集結させ、嘉永六年（一八五三）五月二十六日に東京湾に向けて出港した。

国務長官代理コンラッドの訓令

嘉永五年（一八五二）九月二十四日、国務長官代理コンラッドは海軍長官のケネディに宛てて日本遠征についての訓令を発し、訓令はケネディからペリーに廻達された。訓令の内容は『横浜市史』第二巻に紹介されているが、訓令から当時のアメリカ政府の対日政策を具体的に知ることができる。訓令では、日本に漂着した捕鯨船乗組員の日本での待遇が問題にされ、「不幸な遭難海員をあたかも凶暴な犯罪者のように取り扱う国があるとするならば、そのような国は人類共通の敵である」ことが示された。また、近い将来に太平洋汽船航路が開設されることやアメリカ領土の太平洋岸までの拡大、大西洋と太平洋を結ぶパナマ地峡での交通手段の整備などが述べられ、アメリカがこれまでにも増してアジア諸国と関係を強化することが求められるようになったとした。

訓令ではアメリカ政府の対日要求が三カ条にわたって具体的に示されたが、ペリーはこの訓令に基づき幕府と交渉することになった。その一は、日本沿岸で遭難するアメリカ船員についてのもので、アメリカ人の生命と財産を保護するために永久的な取り決めを日本と結ぶことであった。第二は、アメリカ船への食料などの補給や修理に関するもので、アメリカ政府はアメリカ船が入港できる一港または数港での入港許可を求めた。また、日本沿岸および近海の無人島で石炭を補給できる場所を獲得することを日本に求めた。第三は、アメリカ船が日本の港で積み荷を売却もしくは交換できるようにしたいと言うものであった。さらに、こうした要求はアメリカだけが享受するものではなく、西洋諸国に分け与えられるべきことを示した。

一方、こうした要求を実現するためには堂々たる兵力を日本に見せつける必要があることを示し、日本の沿岸のもっとも適当と思われる場所に艦隊を集結させ、その場所で軍事的な圧力をかけながら日本と交渉することを命じた。また、ペリーが大統領から委任されて来日したことを日本側に伝え、できれば将軍に直接大統領の親書を渡すことが望ましいとした。さらに、キリスト教については アメリカが他国の宗教に干渉しないことを表明すべきとした。これに加えて、日本人がアジアでのイギリスの行動に恐怖心を持っていることが示され、アメリカがイギリスを含むヨーロッパ諸国の動向と関係ないことを説明せよとした。

ところで、コンラッドは日本との戦争は、自衛上必要な場合およびペリーや将校が個人的に侮辱を加えられた時以外はおこなわないことを命じた。これはアメリカにおいて宣戦布告の権限が上院にあり、大統領は軍の統帥権しか持っていないことによっているが、ペリーができるだけ戦闘を避けようとしたこと、日本側も戦闘を避けようと考えたことによって、日本は平和的にアメリカと条約を結ぶことになった。このことは日本の近代化の過程にも大きな影響を与えた。

大統領の親書とペリーの書簡

ペリーは来日に際してフィルモア大統領の将軍宛の親書を持参した。この書は久里浜（横須賀市）において浦賀奉行に渡され、大名・旗本から庶民にまで公開された。親書はこれまでに多くの人々によって翻訳されてきたが、ここではオフィス宮崎編訳の『ペリー艦隊日本遠征記』

（万来舎）に収録された翻訳を参考にして親書を紹介したい。まず、フィルモアは、冒頭の部分でペリーがアメリカ海軍の最高位にある士官であり、ペリーを通じて親書を送ると述べた。また、使節派遣の目的は、アメリカと日本が友好を結び、商業上の交際をすることを提案することにあると記された。さらに、合衆国憲法を紹介し、憲法で他国に宗教的あるいは政治的に干渉することが禁止されていることを紹介した。

アメリカ合衆国については、国土が大西洋と太平洋をまたがる大国で、太平洋を挟んで日本とアメリカが隣国であることを紹介した。そして、アメリカの蒸気船が一八日間で太平洋を横断する能力を持っていることを示した。日本については、鎖国をおこなっている国であることを承知しているが、時勢に応じての方針変更も必要であると説いた。また、開国を直ちにおこなえない場合は、五年から一〇年の期間を限って実験的に開国することも可能であることを提示した。一方、アメリカの船舶については、多くの船がカリフォルニアから中国に向けて出航していること、日本近海に多くのアメリカの捕鯨船が出漁していることを示し、日本近海でこれらの船が遭難した場合、幕府によってアメリカ国民の生命と財産が保護されることを求めた。また、アメリカの船舶が日本の港で石炭・食料・水を補給することを求め、これに対し金銭か物々交換で対価を支払う用意があることが述べられた。これに加えてペリーにフィルモアからの贈り物を持参させたことを述べ、ぜひ受け取って欲しいと結んだ。この親書にはペリーが将軍に宛てた書簡も添えられ、書簡は久里浜で親書とともに浦賀奉行に渡された。この書簡にはペリーが大統領から全権を与えられていること、彼が東インド、中国および日本海域に駐在するアメリカ合衆国海軍の司令長官であることが記された。また、アメリカ海軍が日本近海に多くの大艦を保有していること、今回は友好的な意図を証明するために、その内の四艘だけで来日したが、来春にははるかに大きな艦隊を率いて来航するとも記されていた。その後、親書と書簡は大きな波紋を呼び、多くの人々が写しを入手することになった。現在でも日本各地の旧家の蔵から親書と書簡の写本が発見されているから、その影響の大きさが良く分かる。

東京湾の陣屋と台場を巡って

横浜開港資料館には、ペリー来航直前の東京湾沿岸の陣屋や台場を視察した人物の記録（写本）が所蔵されている。記録は「海岸紀行」と題され、当時の東京湾沿岸の村々や台場の様子を具体的に記したものである。「海岸紀行」には横浜市歴史博物館や神奈川県立金沢文庫が所蔵する類本があるが、いずれも同時期に作成されたものである。その記述は多摩川の河口から始まり、著者が小船に乗って移動する様子が記されている。たとえば、現在の横浜市金沢区の野島の紹介では「野島湊、金沢の一つ也。この近郷第一の津なり。舟宿あり。猟師町なり。六浦《むつ》庄《うらのしょう》中よりの産物、江戸運送の船着にて江戸往返にも人を乗せ往来する故に船宿多し。また、江戸より浦賀・三崎辺の舟路近道の出舟場なり。料理屋海辺の方に多くあり」と同地が江戸と浦賀・三崎を結ぶ中継地として繁栄したことを記している。

その後、著者は川越藩が設置した大津村の陣屋を訪れたが、陣屋の敷地が二五〇メートル四方から二七〇メートル四方あり、上級藩士の長屋が敷地内に多数あったと述べている。また、陣屋の外には足軽の長屋が多数あったと記しているが、大津村では多くの川越藩士が移住したため藩士相手の商売が始まり、食料や調度品を扱う店から旅籠屋を営む者まで現れたとある。台場については川越藩が管轄した猿島台場・旗山《はたやま》台場・十国《じっこく》台場・観音崎台場を巡ったが、観音崎台場付近ではその眺望を「諸国の廻舟、追い風に走る風情、美景云うばかりなし」と記している。また、観音崎の沖で海流が変わったようで、江戸に近い海は波が穏やかであり江戸から流された芥が浮かんでいるのに対し、外側の海は波が高く海岸にもゴミがないと記している。

次に浦賀については、人家が一三〇〇軒も建ち並び、瓦葺きや板屋根の家が多く、その景観は江戸の鉄炮洲《てつぽうず》と変わりないと述べている。また、諸国の廻船が昼夜の別なく入港し、著者が滞在中は天候が悪かったため入船が少なかったが、それでも五〇〇石積以上の船が二四〇艘以上入港していたとある。さらに、浦賀奉行所が管轄した平根山《ひらねやま》台場については、大筒《おおづつ》が五挺《ちょう》あり、狼煙《のろし》台と遠眼鏡台があったとある。その後、著者は三崎から城ヶ島台場に向かい、城ヶ島の海岸では「江の島貝」と呼ばれる美しい貝が多数打ち寄せられる様子を記している。

こうして三浦半島の巡見を終えた著者は、彦根藩が管轄した腰越台場（鎌倉市）と会津藩が管轄した富津《ふっつ》台場（千葉県富津市）に赴いたが、富津では台場の設置された洲が東京湾に長く伸びている様子を示し、「天下洲《てんかす》」と呼ばれていると紹介した。また、この地には会津藩の陣屋が置かれ、数百人の藩士が駐屯しているとも記している。川越藩の陣屋にせよ、会津藩の陣屋にせよ、多くの武士が駐屯することによって東京湾沿岸地域はのどかな漁村から巨大な軍事拠点へと大きく変貌したようである。

『遠征記』に記された日米交渉

ペリー艦隊の来航と日米和親条約の締結については、この事件が日本の近代化へのターニングポイントになった一大事件であったため、関係資料の数も多く、先行研究についても数え切れないほどある。そのため、ペリー来航について詳しく述べることは、屋上屋を架してしまう恐れがある。そこで、ここでは浦賀奉行所の人々がどのようにペリー来航を迎えたのかを紹介しながら、来航について記した主要な資料にどのようなものがあるのかを示すことで、浦賀の歴史においてもっとも重要な事件を紹介することに代えたいと思う。まず、最初に紹介する資料は『ペリー艦隊日本遠征記』（以下『遠征記』と記述）であり、この資料を読みながらペリー艦隊と浦賀奉行所与力との交渉開始について眺めてみよう。

『遠征記』は、ペリーの帰国直後にフランシス・L・ホークスによって編集され、アメリカ議会文書として刊行された公式遠征記録である。原本は三巻から成り、参謀長のアダムスを初めとする乗組員が提供した記録に基づき編集された。内容は大変詳しく、艦隊の随行画家ハイネが描いた多くの図版も収録された。ペリー艦隊が東京湾に姿を現したのは嘉永六年（一八五三）六月三日で、『遠征記』は東京湾に入る直前に、各艦で「大砲が所定の位置に据えられ砲弾が込められた」と記している。正午頃、ペリーは艦隊を一旦停止させ、その後、東京湾の奥に向けて再び移動させた。この頃になると日本側の警備艇が多数艦隊を取り囲み、漁民たちは遠巻きに艦隊を見物した。艦隊が浦賀の沖に錨を下ろしたのは午後五時頃で、同時に台場からは狼煙が発射された。幕末、動乱の時代の幕開けである。

最初に警備陣が向かったのはサラトガ号で、『遠征記』はその様子を「日本人は何度かサラトガ号に乗ろうと試み、警備艇をサラトガ号のどこかに結びつけるためにもやい綱を無遠慮に投げかけた。彼らは鎖を伝って艦によじ登ろうとしたが、それを食い止めようとした水兵が、槍・短剣・小銃を見せて牽制し、日本人たちは乗船を思いとどまった」と伝えている。当時の軍艦は他国民を乗船させることが一般的であったが、日本人の乗船を許したビッドルの交渉が不調に終わったことを知っていたペリーが、その反省から乗船制限を厳しくしたためと言われている。その後、日本側の警備艇の一艘が旗艦サスケハナ号に横付けし、ペリー側の中国語通訳のウィリアムスとオランダ語通訳のポートマンとの間で最初の日米交渉が始まった。この時、警備艇に乗っていたのは与力の中島三郎助《さぶろうすけ》とオランダ語通詞《つうじ》の堀達之助で、二人は最初にペリー艦隊と交渉した人物として長く歴史に名を残すことになった。

堀が発した最初の言葉は英語で、「私はオランダ語を話すことができる」であった。また、同時に彼は中島を指さし「彼は浦賀の副奉行である」と語った。浦賀奉行所に副奉行という役職はないが、幕府の高官しか乗船させないとポートマンが伝えたため、とっさの判断で副奉行を名乗ったと言われている。これに対しペリーは二人の乗船を許可し、彼らは副官のコンティ大尉との会見に臨んだ。席上、コンティは、大統領の親書を渡すためにペリーが来日したことを伝え、ペリーがアメリカの高官であり、日本の高官と親書の受け渡しについて交渉することを求めた。一方、中島は艦隊を長崎に回航することを求めたが、コンティはこれを拒否した。『遠征記』によれば、最終的に中島が「自分は親書の受理について約束できる権限を持っていないので、明朝、自分より高位の役人がやって来て、さらに詳しい情報をもたらすであろう」ことを約束して第一回目の交渉は終了した。

香山栄左衛門の登場

翌朝七時、約束通り浦賀奉行所から派遣された役人たちがサスケハナ号にやって来た。『遠征記』には、夜通し立ちこめていたもやが晴れ渡った中を、二艘の大きな船が立ち現れたとある。その一艘には六人の役人が乗船し、通詞が「町の最高位の役人がここにおり、サスケハナ号に乗船したいと言っている」と告げたと言う。この時、やって来たのは与力の香山栄左衛門《かやまえいざえもん》で、彼は自分のことを「浦賀奉行であり浦賀最高の役人」と述べた。与力である彼は中島同様に身分を詐称したことになるが、浦賀奉行の戸田氏栄《うじひで》から交渉を順調に進めるために浦賀奉行と名乗るように命じられたのではないかと言われている。『遠征記』には「奉行は第三位の貴族た

V・1　サスケハナ号　「黒船来航画巻」より　横浜開港資料館所蔵

る高位にふさわしい服装をしていた。豪華な絹の上着にはクジャクの羽に似た模様が刺繍してあり、金と銀の縁取りがあった」と記されているから、アメリカ側は立派な服を着た香山の身分詐称にまったく気がつかなかったことになる。

一方、『遠征記』に登場する二人の通詞は堀達之助と立石得十郎であった。また、ペリー側の交渉相手はブキャナン、アダムスの両中佐とコンティ大尉で、ペリーは前日同様に自分と同格の者以外とは交渉しないという方針のもと同席しなかった。この時、香山は、日本の法律では大統領の親書を浦賀で受け取ることができないことを力説し、その返答も長崎でおこなうと述べた。しかし、コンティは「幕府が親書を受け取るのにふさわしい人物を任命しないのならば、強力な武力をもって親書を渡すために上陸する」と返答した。アメリカ側の強硬な態度に窮した香山は、返答には幕閣の指示を待つ必要があり、江戸から浦賀へ返事が届くまでに三、四日程度待って欲しいと回答した。こうしてペリー側との交渉を終えた香山は奉行所に戻り、奉行の戸田に交渉の経緯を報告した。これに対し戸田は江戸詰めの浦賀奉行井戸弘道《いどひろみち》を通じて幕閣に事態を報告することを命じ、香山は同心組頭の福西源兵衛とともに久里浜から船で江戸に向かうことになった。

当時、江戸城では幕閣の評議が続けられていたが、親書の受け取りの可否は容易には決まらなかった。そのため、香山は福西を江戸に残し、五日夜に江戸を出立し、夜を徹して歩き続け翌日未明に浦賀に到着した。この時、ミシシッピ号が碇泊中の浦賀沖から一〇海里（現在の横浜市金沢区沖、一海里は一八五二メートル）ほど北上し、ボートを出して沿岸を測量するという事件が発生した。このため、奉行は直ちに香山をサスケハナ号に送り、測量の中止とミシシッピ号の引き戻しを求めさせた。これに対し、香山と面会したアダムス中佐は「今回、親書の受け渡しができなかった場合、来春にはもっと多くの軍艦を率いて来航する必要があり、その際、浦賀の沖は不便で安全ではないので、江戸に近く連絡の取りやすい投錨地を探している」（『遠征記』）と答えた。最終的にペリー側は香山の要求を受け入れ、夕刻にミシシッピ号を浦賀沖に引き戻したが、この間、警備陣は著しい緊張を強いられることになった。

親書の受け渡しは久里浜で

幕閣から浦賀奉行所に対しアメリカ大統領の親書を久里浜で受け取ることが伝えられたのは六月七日で、命令を受け取った戸田は与力の香山にペリー艦隊にその旨を伝えることを命じた。この間のことについては『大日本古文書《だいにほんこもんじょ》、幕末外国関係文書』に収録された香山栄左衛門の上申書に記述がある。『幕末外国関係文書』は幕末における外交関係の記録を集めた史料集で、明治四十三年（一九一〇）から東京大学史料編纂所《しりょうへんさんじょ》の前身である東京帝国大学文科大学史料編纂掛によって編纂が進められた。現在は『大日本古文書』の一部として刊行され、大きな図書館には必ず収蔵されている基本的な史料集である。『幕末外国関係文書』にはペリー来航に関する記録が多数収録されているが、ここではまず香山の上申書を読んでみよう。

上申書によれば、香山に親書を久里浜で受け取ることが伝えられたのは七日の昼前のことであった。命令は戸田から直接伝えられたが、この時、翌日には江戸詰めの奉行であった井戸弘道が浦賀に到着することが決まっており、戸田は井戸の到着を待って九日に親書をペリーから受け取る予定であると伝えた。奉行の命令を受けた香山は、直ちにサスケハナ号に向かい、ペリー側に親書の受け取りについて伝えた。その際、ペリー側から大統領の親書に添えてペリーの書簡も渡したいとの提案があり、当初の要求には入っていなかった書簡の受け渡しをめぐって激しいやり取りがおこなわれた。また、ペリー側が親書の受け取りは誰がおこなうのかと質問したのに対し、香山は「ペリーと同格の高官が江戸よりやって来る」と答えている。さらに、香山から久里浜に陣屋を新たに建設し、陣屋で親書の受け渡しをおこなうことが提案され、ペリー側はこれを了承した。

これに加えて香山は久里浜が外国と交渉する場所ではないことを説明し、久里浜では日米間の交渉（話し合い）をしないことが確認された。この結果、当日はほとんど無言のままに親書の受け渡しがおこなわれることになった。こうして香山の活躍によって親書と書簡の受け渡し問題は落着したが、その後、ペリー側は香山に親書を見ていかないかと提案した。上申書には、ペリー側が長さ九〇センチ、幅六〇センチぐらいの箱を香山に提示したとあり、箱の中には藍色のビロードの布に包まれた親書が入っていたとある。香山は親書を見たことの感想を記してはいないが、興味深いエピソードではある。

翌々日、午前八時頃、香山は再び与力の中島三郎助・近藤良次《りょうじ》・佐々倉桐太郎《とうたろう》とともにサスケハナ号に赴き、ペリー一行を久里浜まで案内した。これに対し、ペリー側は一三艘の上陸用の舟艇を繰り出し、ペリーは約三〇〇人の兵士を率いて久里浜に上陸した。香山は上申書の中で、アメリカ軍の行軍の様子について触れているが、「兵士たちは日本側に捕まることを恐れて、銃を持ち激しく隊列を組んで行進した」と述べている。日本では指揮者の号令のもとで一糸乱れず隊列行進することはなかったが、香山はよく訓練されたアメリカ軍兵士に驚いたようである。

アメリカ将兵が見た親書の受け渡し

ペリー艦隊に随行した画家のハイネは、ペリーが久里浜に上陸した様子を描いた一枚の石版画を残した。この絵には海岸に整列した多くのアメリカ軍兵士が描かれ、日本側の警備陣がアメリカ軍を遠巻きにしている様子を伝えている。また、『遠征記』にも詳しい記述があり、当時の状況を具体的に知ることができる。『遠征記』によれば、この日の天候は晴れで、ペリーは上陸に先立ち、大砲で応接所を威圧できる場所に艦隊を移動させた。海岸には幔幕《まんまく》が張りめぐらされ、海には一〇〇艘以上の警備艇が並んだ。その奥には応接所（陣屋）として建設されたばかりの建物があり、建物の前面は縞の幕で覆われていた。ペリーを迎えるためにサスケハナ号に乗船した中島については、その服装が描写され、「幅が広い短い袴を履き、それはスリッ

V・2　ハイネ画、ペリー久里浜上陸の図　ハイネはペリー艦隊の随行画家で、多くの絵を残している。横浜開港資料館所蔵

トの入ったペチコートのようだ」とある。ペリーを先導したのは上陸用舟艇に乗ったサスケハナ号艦長のブキャナン中佐で、舟艇には香山と中島も乗った。

やがて、サスケハナ号からペリーの乗った舟も出発し、同時に同船から一三発の祝砲が発射された。久里浜に上陸したペリーは香山に案内されて進み、彼の前では礼服を着た二人のアメリカ人少年がペリーの信任状と大統領の親書を捧げ持った。その後、ペリーは応接所の前で護衛兵と別れ、幕僚たちと応接所の中に進んだ。応接所についても『遠征記』に詳しい記述があり、「建物が急ごしらえであることは一目で分かった。松の木の柱や板に番号が付いているのは、前もって設計通りに作って、現場に運んで手早く組み立てたのだろう」と建物が他所で作られたことを伝えている。こうした工法は日本では古くから用いられ、将軍や大名が外出する際に適当な宿舎や休息する建物がない場合、担当役人が現地に部材を持ち込み、仮の建物を急いで建築することがあった。ペリー来航時にも同様の工法が利用されたことは間違いなく、日本の歴史を変えた日米交渉はツーバイフォーのような工法で作られた建物でおこなわれたことになる。

もっとも急ごしらえの建物といってもかなり広い建物であり、ペリーは奥の間に案内された。ペリーが入室すると向かって左側に着席していた二人の幕府高官が立ち上がってお辞儀をし、通詞の堀達之助が二人の高官を井戸石見守《いわみのかみ》と戸田伊豆守《いずのかみ》であると紹介した。井戸と戸田は浦賀奉行であったが、香山が自分のことを浦賀奉行と詐称したため、ペリーは二人を浦賀奉行よりも高い地位にある人物と信じていた。『遠征記』には戸田が井戸よりも風采が良く、知的な顔つきであったと記されている。一方、井戸については、しわだらけで貧相であったとあるが、いずれにしてもペリー一行は興味深く二人の浦賀奉行を観察した。その後、堀がペリー側通訳のポートマンに対し親書を持っているかと尋ね、この質問がペリーに伝えられた。ペリーは隣の部屋にいた二人の少年を呼び、大統領の親書、ペリーの信任状、ペリーの書簡が日本側に手渡された。こうして親書の受け渡しが終わり、香山と堀が部屋から退出した後、ペリーたちも戸田と井戸に見送られて部屋から退出した。

親書の受け渡しが終わって

　久里浜を離れたペリー一行はサスケハナ号に戻ったが、この時、香山と中島が同行し艦内を案内された。『遠征記』には、二人の与力が興味深げに蒸気船の構造を見学する様子が記され、「艦上で見られるものはすべて見ておきたい」ように感じられたと伝えている。また、二人が蒸気船の構造についての知識を持っており、蒸気機関が動くことに驚きもせず、外輪を動かす仕組みも洞察したと記されている。さらに、ニューヨークやサンフランシスコの風景画にも興味を示し、香山は士官の携帯した拳銃の試射まで依頼したという。こうした視察の後、香山と中島はサスケハナ号を退去したが、九日の夕刻になって艦隊が現在の横浜市金沢区の沖まで移動する事件が発生した。ペリーの目的は、再来に備えての東京湾の測量であり、最終的に一艘は六月十日に羽田を遠望できる地点にまで進入した。

　こうした事態に驚いた浦賀奉行は再び香山をペリー艦隊に送り、ブキャナン中佐やコンティ大尉と東京湾からの退去について交渉させた。この時の交渉の様子については『幕末外国関係文書』に詳しい記述がある。九日の記述では、香山が浦賀より奥への侵入は国禁であると説明し、本来、親書を受け取るべき場所ではない久里浜での親書の受け渡しを許した以上、礼節をわきまえて元の場所まで戻ることを求めた。一方、ペリー側は「暗礁などがある場所を調査する必要がある」と回答した。十一日には艦隊が富津岬の南方に移動したが、この地点で測量を続けようとするペリー側に対し、艦隊に派遣された香山が強い口調で測量の中止を説得したため、翌日に東京湾から退去することを約束した。

この時、香山はペリー側への贈り物を用意したが、この点についても『幕末外国関係文書』に記述がある。香山が持参したのは錦五巻、吸い物椀五〇人前、団扇《うちわ》四〇本、煙管《きせる》五〇本で、このほか鶏一五〇羽、卵一〇〇〇個が贈られた。これに対しペリー側は返礼品として唐茶一箱、合衆国の図ならびにアメリカ図を各一枚、シャンパン一箱などを香山に渡した。香山はペリーからの贈り物を国法によって受け取ることができないと主張したが、ペリー側が返礼品を受け取らないならば、日本からの贈答品も受け取ることができないと述べたため、最終的に双方の贈り物が受納された。その後、ペリー側は香山や通詞の堀・立石を食事に招待し、艦隊の警備にあたったその他の役人たちも食事会に招かれた。『遠征記』には役人たちがハムやパンをふんだんに食べ、飲み放題のウイスキーを楽しんだと記されている。堀と立石は袂《たもと》にパンやハムを入れて土産にしたとあるから、料理は浦賀に持ち帰られたようである。

第Ⅵ章　日米和親条約の締結

ペリー艦隊の再来

安政元年（一八五四）一月十一日、ペリー艦隊が日本に近づきつつあるという報告が幕府にもたらされた。報告を受けた幕府は、直ちに関係する役人の登城を求め、江戸城では対応を協議するための会合が繰り返された。二カ月近くにわたる開国をめぐる一大イベントの幕開けである。今回、ペリーが率いた軍艦は七艘で（後に二月二十一日までに二艘が加わり最終的に九艘になった）、十六日までは艦隊はいくつかに分かれて行動していた。最初に東京湾に入ったのはサザンプトン号で、十四日に現在の横浜市金沢区の沖に錨をおろした。これに対し、浦賀奉行に就任したばかりの伊沢政義《まさよし》は与力の佐々倉桐太郎《とうたろう》を送ったが、同船には通訳が乗っていなかったため交渉ができなかった。その後、ペリー艦隊は空砲を撃ち合いながらそれぞれの所在を確認し、十六日にすべての艦船がサザンプトン号の停泊地点に集結した。この地点で、佐々倉に加えて与力の近藤良次《りようじ》や通詞《つうじ》の堀達之助がポーハタン号に乗船し、アダムス中佐と交渉を始めた。

翌日には浦賀奉行所支配組頭の黒川嘉兵衛《かへえ》が徒目付《かちめつけ》や与力・同心を連れて同船に赴き、艦隊を久里浜あたりに戻すことを求めたが、ペリー側はこれを拒否した。浦賀での交渉が始まったのは一月二十五日で、浦賀湊の入口にあたる館浦《やかたうら》と呼ばれた場所に建てられた応接所で幕府全権の林大学頭《はやしだいがくのかみ》（復齋《ふくさい》）、浦賀奉行の伊沢政義、目付の鵜殿長鋭《うどのながとし》らがアダムス中佐と会った。『幕末外国関係文書』には、この日のことについて詳しく記した資料が収録されている。林らが館浦に着いたのは午前八時頃で、その後、アダムス中佐ら一六人のアメリカ将兵が浦賀に上陸した。席上アダムスは漢字で記した名刺を渡し、林らからも役職名の入った名刺が手渡された。その後、林らは退席し、アダムスとの交渉は黒川がおこなった。

黒川の最初の発言はペリー艦隊が現在の横浜市金沢区の沖に進入したことへの抗議で、直ちに艦隊を浦賀沖まで戻すことを要求した。これに対しアダムスは、幕府との交渉を順調におこなうためには少しでも江戸に近い地点に艦隊を停泊させる必要があると回答した。さらに、黒川がオランダ人以外の西洋人が江戸に入ったことはなく、そのような発言を控えることを求めたことに対し、アダムスは初代将軍家康や二代将軍秀忠の時代に西洋人が江戸を訪れたことを知っていると回答した。最終的に黒川が日米交渉をおこなうための場所として鎌倉か久里浜を提案したことに対して、アダムスは日本で刊行された東京湾の絵図を取り出し、絵図を示しながら若干のやりとりがおこなわれた後、今後も交渉場所を決めるための予備交渉を続けることが確認された。

横浜村にアメリカ軍が

日米交渉をおこなう場所をどこにするかという問題は、一月二十八日に一気に進展した。この頃、前年にペリー側との交渉役をつとめた与力の香山栄左衛門《かやまえいざえもん》が交渉役に復帰し、艦隊に赴いたことが交渉を進めるきっかけとなった。この点については、ペリー艦隊の通訳をつとめたサムエル・ウェルズ・ウィリアムズが帰国後に出版した本（洞富雄訳『ペリー日本遠征随行記』雄松堂書店）に詳しい記述がある。この本によれば、香山が通詞の名村五八郎《なむらごはちろう》らを連れてポーハタン号を訪れたのは二十八日の午後で、アダムス中佐は会見に先立ち、お茶とケーキを出した。その後、アダムスから香山に地球儀が贈られ、その説明がおこなわれた。また、艦隊を浦賀沖に戻そうとする香山とアダムスとの間で激しいやりとりもあった。しかし、最終的に香山が浦賀よりも江戸に近い横浜村での交渉を提案したことから交渉は一気に妥結に向かった。

会談終了後、香山はアダムスを案内して横浜村に向かうことになり、一行は午後三時一五分にポーハタン号を出発した。横浜村に上陸したアダムスは村を一見した後、この地が交渉場所として適当であることを確認した。ペリーが望んでいた交渉場所の条件は、（一）江戸から近い場所であること、（二）沖合に艦隊を整列させてペリー艦隊の軍事力を日本側に示すことができること、(三) 交渉場所に艦隊から砲弾が届くこと、(四) 汽車の模型や伝信機を日本側に見せ、アメリカの工業力を示す広い場所があることであった。横浜村はいずれの条件にも適合し、この村は日米和親条約締結の場所となることが決まった。

Ⅵ・1　横浜村の農家　ペリー来航時の横浜村は半農半漁の小さな村であった。『ペリー艦隊日本遠征記』より　横浜開港資料館所蔵

ところで、アダムス中佐の横浜村への上陸については「亜墨理駕船渡来日記《あめりかせんとらいにっき》」と題された資料に詳しい記述がある。この資料は明治三十一年(一八九八)に横浜貿易新聞の記者が現在の横浜市中区北方町《きたがたちょう》の旧家植木家の蔵から発見したもので、同年八月五日から九月十一日までの間、同新聞紙上で翻刻掲載されたものである。現在、神奈川新聞社がこの資料を一冊にまとめて出版しているが、ペリー来航時に植木家に寄留した禅僧が記したものと伝えられ、庶民が眺めたペリー来航を現在に伝える貴重な資料である。

日記によれば、横浜村に上陸した香山は村役人を呼び、村内に寺院があるかと尋ねている。村役人は増徳院という寺を紹介したが、香山は寺院を役人の宿舎などに利用することを想定したのかもしれない。また、香山とアダムスは交渉場所として横浜村の駒形（現在、横浜開港資料館が建っている地点）を選び、その場所にアダムスが目印の棒を立てたとある。この時の様子については『ペリー日本遠征随行記』にも記述があり、会談場所として麦畑が選ばれたこと、村民の家を四、五軒取り壊す必要があることが記されている。また、ウィリアムズは村はずれに下肥《しもごえ》や堆肥が置いてあるのを見て、強烈な臭いにあきれたと記している。

一方、「亜墨理駕船渡来日記」に記された村民の様子については、突然の外国人の上陸に驚きの声を上げたとある。また、アダムス一行は海岸沿いに村を視察し駒形に到着したが、彼らはそこで祝杯を上げ、村民たちは遠巻きに酒を飲むアダムスたちを眺めたという。さらに、横浜村が交渉場所になったことは直ちに村民にも伝えられ、交渉が決裂した際に戦争が勃発することを恐れた村民の中には家財道具を疎開させようとした者もいたと記されている。日記は村民の様子を「男女岐路に叫び、東西に迷い」と伝え、その騒ぎが尋常ではなかったとある。その後、アダムス一行は横浜村を去ったが、夕暮れに再びアメリカ軍兵士が乗った小船が横浜村に接近し、村民は夜討ちと勘違いしたとも記されている。

林大学頭の従者の日記から

平成二十四年（二〇一二）、日米和親条約締結時に日本側首席全権委員をつとめた林大学頭の従者の竹田鼎《かなえ》の日記が、横浜開港資料館に寄託された。日記の所蔵者は中嶋宏子氏で、中嶋氏の義母が竹田家の出身であったことから中嶋家に伝来したものであった。日記は一二三丁から成り、その後半部分にペリー来航時の記述がある。内容は詳細であり、林が安政元年（一八五四）一月十八日に江戸を出発し、三月十九日に江戸に戻るまでのことが記されている。

先述したように、林が浦賀の館浦でアダムス中佐と会見したのは一月二十五日であったが、一行が江戸を出発して浦賀の東林寺に入ったのは一月十九日であった。これと前後して浦賀奉行所支配組頭の黒川や与力の香山がアダムス中佐と会見したが、この間、ペリーが強硬な態度で交渉に臨もうとしていることが黒川らから林に伝えられた。そのため、林は二十七日、老中の阿部正弘に対しアメリカとの通商を認めざるを得ないかもしれないとの上申書を提出した。林が横浜での交渉開始に向けて浦賀を出発したのは二十九日で、竹田の日記には早朝に浦賀を出立した林が横須賀村から船で金沢八景（横浜市金沢区）に到着したと記されている。その後、林は金沢八景から陸路で神奈川宿に向かい、夜に入り神奈川宿の成仏寺《じょうぶつじ》に入った。

幕府が勘定奉行松平近直《ちかなお》と伊豆韮山《にらやま》の代官江川英竜《ひでたつ》を林と協議させるために神奈川宿に送ったのは二月一日で、両人は林と会見した後、直ちに江戸城に戻った。報告を受けた老中は、直接、林らと協議することが必要と考え、神奈川宿から林と町奉行の井戸《いど》覚弘《さとひろ》を江戸に召還した。日記には突然の召還命令に驚きながらも、四日の早朝に神奈川宿を出発し江戸に急ぐ林らのことが記されている。その後、林と井戸は江戸城に登城し、幕閣との協議を開始した。協議については東京大学史料《しりょう》編纂所《へんさんじょ》が刊行した『大日本維新史料』に収録された水戸藩士の原田成徳《しげのり》の日記に記述があり、林と井戸が「ペリーが武力に訴える可能性が高く、貿易の開始を認めるしかない」と発言したと記されている。これに対し、前の水戸藩主であった徳川斉昭《なりあき》が強硬に反対意見を述べ、最終的に幕閣は斉昭の主張に従い、アメリカの難破船乗組員の救助と食料・水・薪の補給を認めるが、貿易開始を拒否することで交渉に臨むことを決定した。

林らが江戸城を出発し、再び神奈川宿に向かったのは六日午後のことで、竹田の日記は林が夜遅くに神奈川宿に到着したと記している。こうして交渉に向けての準備が整い、八日には日本側委員の林復齋（大学頭）・井戸覚弘（町奉行）・伊沢政義（浦賀奉行）・鵜殿長鋭（目付）・松崎満太郎（儒者）の五名が横浜村に建てられた応接所を視察した。また、日記には十日の初交渉にペリー艦隊から五四発の祝砲が発射されることがペリー側から日本側に通達されたと記されている。

横浜村での日米交渉

竹田の日記によれば、林がペリーとの交渉に赴くために神奈川宿の成仏寺を出発したのは二月十日の午前六時で、林は他の四人の委員とともに船で横浜村に渡った。その後、彼らは応接所に入り、ペリーの上陸を待った。ペリーが旗艦ポーハタン号から上陸用舟艇に乗って横浜村に上陸したのは昼前で、この時の様子については「亜墨理駕船渡来日記」に詳しい記述がある。ペリーは、上陸前に約五〇〇人の将兵を小船に乗せて横浜村に送り、海岸に彼らを整列させた。その後、将兵が整列したことを確認したペリーは、自らが乗ったボートを発進させ横浜村に上陸、この時、上陸用舟艇や艦隊から多くの祝砲が発射された。祝砲が響き渡る中を、多くのアメリカ軍将兵に守られながら浜辺を進むペリーの姿は強烈な印象を日本人に与えた。

ペリーは交渉を有利におこなうためにも、威厳ある姿を日本側に見せつけようとし、こうした演出をおこなったと言われている。事実、ペリーの目論見は成功し、「亜墨理駕船渡来日記」はペリーの姿を「威風凛々とした姿は大国の使節らしいものであった」と伝えている。応接所

Ⅵ・2　ハイネ画、ペリー横浜上陸の図　ペリーの上陸地点には現在、横浜開港資料館が建っている。　横浜開港資料館所蔵

に入ったペリーは、奥の部屋に進み日本側の委員と挨拶を交わした後、第一回目の交渉が始まった。冒頭、日本側は大統領親書への回答を記した書面を手渡し協議が始まった。書面には、五日に決められた方針に基づき（一）石炭・薪・水・食料をアメリカ船に供給すること、（二）難破船の乗組員を救助することが記されてあった。また、どこの港をアメリカ船に開くかということについては約五年間の猶予が欲しいこと、当面は長崎で対応したいことが付記された。さらに、アメリカ船が必要とする「欠乏品」についても、日本の産物を供給することが記された。

当初から日本側原案は最大限譲歩したものであり、石炭・薪・水・食料の供給と遭難船員の保護という二つの条件の確約を得たペリーは、貿易の開始については強く主張しなかった。貿易問題は、その後も何回かの交渉がおこなわれたが、幕府側の拒絶の意思は変わらず、結局、日本での貿易開始は今後の課題になった。第二回目の交渉は二月十七日で、約二〇〇名の将兵を率いて横浜村に上陸したペリーは、前回同様、林以下五人の日本側委員と協議した。今回の協議ではアメリカ船に対してどこの港を開くかが話し合われ、ペリー側は、第一に浦賀か鹿児島、第二に北海道の松前、第三に沖縄の那覇を提案した。これに対し、林は浦賀を拒否する代わりに下田を提案した。ただし、港の決定については幕閣の了承が必要であることが示され、二十五日に回答することになった。

竹田の日記によれば、林と井戸が再度、江戸城に召還されたのは二十一日で、日記には「大城（江戸城のこと）にて評談議決」のための召還であったとある。江戸城での会議は深夜に入っても終わらず、林は翌日まで江戸城に滞在した。『大日本維新史料』に収録された史料には二十二日に、林と井戸が老中の阿部正弘から下田と箱館を食料や水の供給港として開くことを伝えられたと記されている。こうして交渉に向けての幕府側の対応が決定し、幕府は日米和親条約の締結に向けて大きな一歩を踏み出すことになった。

日米和親条約の内容

日米和親条約が結ばれたのは三月三日のことで、この間、横浜村の応接所では二月二十六日に第三回目の交渉が、二月三十日に第四回目の交渉がおこなわれた。会談では条約の内容が詰められ、最終的に三月三日、林・井戸・伊沢・鵜殿が日本語版の条約に、ペリーが英語版の条約に署名した。日米和親条約は神奈川条約とも呼ばれ、日本が結んだ最初の近代的な条約であった。日本側原本は関東大震災で焼失し、アメリカ側原本だけがアメリカ国立公文書館に残されている。条約調印にあたっては日本側が日本語版、オランダ語版、漢文版を用意し、アメリカ側が英語版・オランダ語版、漢文版を用意した。また、日米双方が用意したオランダ語版で文章の照合がおこなわれ、日本側通詞の森山とペリー側通訳のポートマンがオランダ語版に署名した。さらに、漢文版でも照合がおこなわれ、漢文版には松崎とウィリアムズが署名した。

条約は一二カ条から成り、第一条には日本とアメリカが「永世」にわたって「和親」を結ぶことが記された。第二条では、下田と箱館（函館）の開港について触れ、前者は条約調印の直後から、後者は翌年三月から開港することになった。また、二つの港ではアメリカ船に薪・水・食料・石炭および欠乏品を供給することが決められた。第三条から第五条は遭難船乗組員の待遇に関する箇条で、日本に漂着した乗組員を下田と箱館でアメリカ側に引き渡すこと、彼らを幽閉しないこと、下田では遊歩区域を自由に散策させることが定められた。第六条は開港場での品物の売買に関する箇条であり、欠乏品以外の品物を購入したいとアメリカ船が申し出た際には協議の上で決定するとした。これに加えて第七条ではアメリカ船が開港場で貨幣あるいは物々交換で必要な品物を調達できると定めている。交渉の過程で幕府はアメリカ船との貿易を拒否したが、こうした条項が定められたことによって、後に下田や箱館では「欠乏品貿易」と呼ばれる小規模な貿易が始まった。

第八条は薪・水・食料などの購入方法を定めたものであり、アメリカ船との取引は「役人」がおこない私的な取引が禁止された。また、第九条は「最恵国条款」と呼ばれる箇条で、日本がアメリカ合衆国以外の国とより有利な条約を結んだ際に、アメリカ合衆国とも同様の条約を結ぶことが定められた。第一〇条は遭難船に限り下田と箱館以外の港に入港することを認めたもので、捕鯨船を中心に難破船の救助について定めている。さらに、第一一条では、条約調印から一八カ月を経過した後に、アメリカ合衆国の「官吏」（領事）が下田に駐在することが定められた。ただし、この条文については、英語版と日本語版の記述に違いがあり、英語版では両国政府の一方が認めた時に領事を派遣するとなっていたのに対し、日本語版では両国政府が認めた時になっていた。そのため、安政三年（一八五六）にアメリカ合衆国の初代総領事のハリスが来日した際に、この問題は大きな外交問題に発展した。そして、最後の一一条では、条約締結後一八カ月以内に批准書を交換することが記された。

中国人通訳羅森が記した日記から

ペリー艦隊乗組員の中で、もっとも日本人に親しまれたのは中国人の羅森《らしん》であった。中国人の場合、筆談すれば日本人と意思を通わせることができ、多くの日本人が羅森と交際した。その様子については、『幕末外国関係文書』に収録された羅森が記した遠征記録（「日本日記」）や『ペリー日本遠征随行記』の記述から具体的に知ることができる。ペリー艦隊乗組員が初めて横浜村に上陸したのは一月二十八日で、羅森もこの頃から度々横浜村に上陸するようになった。また、羅森は日本人の求めに応じて即興の漢詩を記した扇子を渡したようで、各地に羅森の扇子が残されている。「日本日記」には扇子の数が五〇〇本以上になったとあるから、彼が多くの日本人と関係したことは間違いなく、その中に浦賀奉行所の人々も含まれていた。

たとえば、浦賀奉行所の与力であった合原《ごうはら》猪《い》三郎《さぶろう》は、下田において羅森との別れに際して、漢詩を作り羅森に贈った。この詩は「日本日記」に収録され、現在に伝わった。「日本日記」によれば、合原の詩は「樹外雨収鶯語流声々啼送旅人舟、不知黄帽金衣客得解転蓬飄泊愁」（樹外雨収まって鶯語《おうご》流れ、声々と啼きて旅人の舟を送る。知らず、黄帽金衣の客、蓬飄《ほうひょう》泊まりの愁を解することを得る）というもので、浦賀奉行所の与力が羅森と親しく接したことを伝えている。また、「日本日記」には、支配組頭の黒川、通詞の堀も羅森に漢詩を贈ったと記されている。では、彼らは羅森との交流から、なにを学んだのだろうか。この点については「日本日記」に幕臣たちが羅森と話した内容が記されている。その内の一人であった徒目付の平山は、中国で発生した「太平天国革命」の原因を羅森に尋ねている。

「太平天国」とは、広東省出身の農民であった洪秀全が、嘉永四年（一八五一）に樹立した政権のことをいい、羅森が来日した当時、この政権は理想国家の成立を目指し清朝政府と各地で戦っていた。特に、嘉永六年（一八五三）には「太平天国軍」が南京を占領し、その兵力は数十万と伝えられた。そもそも平山がどのようにして「太平天国」に関する情報を知ったのかについては記していない。しかし、平山は隣国で激しい内乱が続いていることに興味を持ったようである。また、平山は「中国治乱」の原因を筆談で質問し、これに対して羅森は著書である「南京紀事」と「治安策」を平山に貸した。さらに、平山は三月二十九日に礼状を羅森に寄せ、羅森は礼状を「日本日記」に収録した。この中で、平山は内乱発生の原因を著書から知ることができたと述べている。はたして、羅森との交流が平山の思想形成にどのような影響をあたえたのかは分からない。しかし、少なくとも、こうした交流が幕臣たちにアジアでなにが起きているのかを考えさせるきっかけにはなったようである。

一方、中国人である羅森がペリー艦隊の乗組員として来日したこと自体に疑問を持った武士もいた。この武士は「官士」(幕臣のことであろうか)の明篤という人物で、「日本日記」には明篤が羅森に「中国之士、何帰鴃舌之門、孟子所謂下喬木而入幽谷者非歟」と記した紙を渡したとある。少々難しい漢文であるが、「鴃舌《げきせつ》」は外国の言葉を、「喬木《きょうぼく》」は高い木を、「幽谷」は深い谷を意味しているから、意訳すれば「中国の文化人である羅森が、なぜアメリカ人の言葉を話すのか、それは孟子が言っているように、高い木を降りて深い谷に入るようなものであり、人間の堕落にすぎない」ということになる。明篤は、従来、中国文化に憧れを持っていたようで、憧れの存在である中国人の羅森が西洋人の言葉を話すことに納得がいかなかったのである。

横浜開港後、日本人は日本の西洋化や近代化を真剣に考えるようになるが、そうした考え方の原点には、ペリー来航時に白人である西洋人がアジアの人々の上に立っていることに疑問を持ったことがありそうである。残念ながら浦賀奉行所の与力や同心については合原しか史料が残っていないが、平山や明篤と同じように羅森との交流を繰り広げた人物が外にもいたのかもしれない。

ペリー来航時の与力と同心

ペリー来航時、浦賀奉行所の人々は警備や交渉の最前線に立った。この内、交渉にあたった浦賀奉行の伊沢政義や支配組頭の黒川嘉兵衛、与力の香山栄左衛門や中島三郎助《さぶろうすけ》については古記録に登場することも多く、その活躍ぶりは広く知られている。しかし、その他の与力や同心、農民や漁民がペリー来航時になにをしていたのかについては、案外知られていない。そこで、ここでは慶応義塾図書館に所蔵される「浦賀史料」と題された古記録に収録された文書を題材にペリー来航時の彼らの活躍を眺めてみたい。この文書は、安政元年（一八五四）十月に作成されたもので、ペリー来航時に活躍した人々に、幕府が褒美を与えたことを個人別に記したものであった。

褒美は銀貨で与えられたが、もっとも多くの褒美（銀一五枚）を拝領したのは中島三郎助・

佐々倉桐太郎・元木敬助・松村源八郎・細倉虎五郎・田中廉太郎の五人の与力であった。この内、中島から細倉までは「応接方行届骨折《おうせつかたゆきとどきほねおり》」と注記があり、ペリー艦隊との交渉に尽力したことに対し褒美が与えられた。また、田中には下田においてペリーとの交渉に尽力したことに対して褒美が与えられた。彼らと同様に交渉にあたった黒川嘉兵衛と香山栄左衛門については記載がないが、これは黒川がペリー艦隊の退去直後に下田奉行所に転出したこと、香山が富士《ふじ》見宝蔵番《みほうぞうばん》に転出したことによると思われる。次に、銀一〇枚の褒美を与えられたのは、樋田多太郎・飯塚久米三郎《くめさぶろう》・岡田増太郎ら一〇人の与力であった。彼らについては「格別の骨折りがあった」と記してあるだけで特別の注記はない。

一方、同心組頭や同心七四人にも褒美が与えられたが、彼らにも特別な注記はないから、与力の指示で臨機応変に警備や交渉に当たったのかもしれない。このほか、銀七枚の褒美を与えられた与力の松村宗右衛門は「兵糧世話」と記されているから、警備陣への兵糧調達に従事したと考えられる。また、同じく銀七枚の褒美を受けた与力の朝夷権十郎には「番所詰骨折」と注記があり、西浦賀に置かれた番所で陣頭指揮に当たったと思われる。さらに、銀三枚の褒美を受けた与力の高林丈左衛門には「江戸在勤中、神奈川表出役、大手御門内、下御勘定所迄罷出」と注記があり、ペリーとの交渉がおこなわれた横浜村と江戸城との連絡役に従事した可能性が高い。

ところで、この文書には浦賀町などに住む商人、漁民、農民にも褒美が与えられたことが記されている。この地域の人々はペリー艦隊来航以前から警備の最前線に立たされてきたが、ペリー来航時にも同様の役割を果たすことになった。まず、西浦賀の名主の長右衛門と東浦賀の名主八右衛門には「昼夜の別なく兵糧の調達に尽力した」として褒美が与えられた。また、西浦賀や東浦賀の船頭、三崎町（現在、三浦市）の名主らには警備の船を出したことに対して、役知《やくち》や預所《あずかりどころ》の村々の名主には荷物運搬の人足を提供したことに対して褒美が与えられた。さらに、奉行所の御用をつとめた大工棟梁の伊藤太郎兵衛や船大工らには応接所建設や船の修理をおこなったことに対して褒美が出された。このように見てみると、ペリー艦隊来航に際して、浦賀奉行所を中心に三浦半島の住民がこぞって警備などに従事したことが分かる。

変わる人々の意識

江戸時代の日本は、二〇〇年以上にわたって、オランダ・中国・朝鮮・琉球など限られた国としか国交を結ばず、日本に入ってくる海外情報も限定的なものであった。また、海外に関する情報は幕府が独占することが多かった。しかし、こうした状況はペリー艦隊の来航によって一気に変わった。特に日米交渉が横浜村で一カ月以上にわたっておこなわれるようになると、アメリカ軍の将兵が恒常的に横浜村に上陸するようになり、横浜村や近隣に住む人々との間で交流が見られるようになった。また、日米交渉が庶民の目の前でおこなわれたため、幕府も情報統制を完全にはおこなうことができず、人々は国際社会の実態を知ることになった。たとえば、「亜墨理駕船渡来日記」の冒頭ではペリー艦隊のことを「異国船」としか記していないが、やがて日記の各所に「亜墨理駕船」という言葉が見られるようになっていく。また、「異人」という表記だけでなく乗組員一人ひとりのプロフィールも記されるようになり、庶民が乗組員の国籍や人種などに関心を持ち始めたことが分かる。

たとえば、ペリー艦隊の通訳ウィリアムズについて「亜墨理駕船渡来日記」は、国籍がアメリカ合衆国であるが、長く中国に住み日本語を話すことができると紹介した。また、天保年間（一八三〇～一八四四）に彼は二回長崎に来航したとし、中国では日本人漂流民の世話をしていると記している。これらの記述はすべて正しいわけではないが、ウィリアムズが天保四年（一八三三）から広東にいたこと、天保八年（一八三七）に日本人漂流民を送還することを目的に浦賀沖に来航したモリソン号に乗船していたことを考え合わせると、比較的正しい情報が伝えられていたことになる。また、庶民が日本語を話すウィリアムズに強い関心を持ったことが分かる。これに加えて、日記にはイギリスやロシアの動向について触れた部分があり、いくつもの国がそれぞれの国家戦略に基づいて行動していることを庶民が知り始めたことをうかがうことができる。言葉を変えるならば、ペリー艦隊の来航をきっかけに日本人一人ひとりが民族や人種の問題を含む複雑な国際関係の中で、どのように行動すべきかを考え始めるようになったと言えるのかもしれない。

ところで、「亜墨理駕船渡来日記」の中でもっとも興味深い記述は、日米交渉の過程で村人がペリー艦隊の将兵に親しみを持ち始めたことを記した箇所である。たとえば、三月十日の項には、村人と乗組員との交流が進んだ結果、鉄砲を持って上陸する乗組員がいなくなったと記されている。一方、村人も乗組員に挨拶するようになり、日記の著者は別れが少しつらいとまで述べている。日米交渉の過程では、戦争を避けつつも従来の体制をできるだけ維持したいと考

Ⅵ・3　ペリー艦隊の通訳ウィリアムズ　「米艦渡来紀念図」より　横浜開港資料館所蔵

える幕府とアメリカ合衆国の権益を主張するペリーが激しくぶつかったが、そうした情況下でも、村人たちは乗組員との交流を深めたようである。

日米和親条約締結後、浦賀奉行所の与力を含め、幕府の役人の中にも国際化に向けて動き出す人が増えていくが、庶民は意識するしないにかかわらず、幕府に先立ち国際化への道を歩み始めたと言える。日本においては、こうした庶民の開放性としたたかさが近代社会を作り上げていく原動力になったと言えるのかもしれない。

また、浦賀奉行所の人々の中には、ペリー来航をきっかけに新たな赴任地に移った人もいた。たとえば、幕府がアメリカ船の寄港地になった下田に下田奉行所を置くことを決めたのは、安政元年（一八五四）三月二十四日で、浦賀奉行であった伊沢政義は下田奉行に任命された。それにともない浦賀奉行所から多くの人材が下田に転出した。その始まりは四月二日の支配組頭の黒川嘉兵衛の異動であり、二十日には与力の合原操蔵《ごうはらそうぞう》・近藤良次《りょうじ》・合原猪三郎が下田奉行所の与力になった。同日、同心の太田量兵衛・込山喜太郎・服部健蔵・今西宏蔵らも下田奉行所へ赴任を命じられた。こうして国際港として下田が開かれたことにより、海防や外交の最前線としての役割を果たしてきた浦賀奉行所の機能は少しずつ変わっていったが、この点については次章以降で詳しく述べていきたい。

第Ⅶ章　洋式軍艦の建造と長崎海軍伝習所

浦賀奉行の軍艦建造計画

嘉永六年（一八五三）四月、戸田氏栄《うじひで》と井戸《いど》弘道《ひろみち》の二人の浦賀奉行は、老中阿部正弘に対し、四艘の「御備船《おそなえぶね》」（浦賀奉行所が所有する軍艦）を建造することを願い出た（『新横須賀市史、資料編、近世Ⅱ』所収「浦賀史料」）。海防の強化が問題とされる中にあって「御備船」の配備は急務であった。当時、浦賀奉行所では、嘉永三年（一八五〇）七月に発生した火災によって三艘（蒼隼丸《そうしゅんまる》・千里丸・日吉丸）の「御備船」を全焼し、残った下田丸も半焼したため、使える船が一艘もなかった。そのため、戸田と井戸は、「御備船」の建造と船屋《ふなや》（船の格納庫）の建築を老中に要求した。当初の見積費用は約九三〇〇両であり、四艘の内、二艘は一〇挺《ちょう》の大砲を搭載する洋式船にする予定であった。

これに対し、老中の阿部は七月二十八日に、幕府財政が困窮していることを理由に経費を削減すること、搭載する大砲を自在に発射できるような構造の船を建造することを命じた。経費については、文久元年（一八六一）の幕府の歳出合計が約四一〇万両（金での支出の合計額）であったことを考えると、それほど大きな割合を占めているわけではない。しかし、海防費が急増する中で、老中としては支出の抑制を求めたと思われる。

阿部の指摘を受けた戸田と井戸が返答書を提出したのは八月で、従来、日本では洋式軍艦を建造することが禁止されてきたが、阿部の指示通り経費を削減しつつ大砲発射を自在におこなうためには洋式を採用するしかないと回答した。また、戸田らは嘉永二年（一八四九）に三崎沖に来航したイギリス軍艦マリナー号に乗船した日本側の通詞《つうじ》が、洋式軍艦の構造をイギリス側から聞き取っており、これを参考にして洋式軍艦を建造することができると述べた。さらに、奉行所では洋式軍艦の絵図面を用意し、これを日本人の船大工に見せることによって軍艦を建造できると述べた。弘化三年（一八四六）に目付の松平近韶《ちかつぐ》が浦賀を視察した際に、与力の中島清司《きよし》と田中信吾は日本では洋式軍艦の建造が難しいと上申したが（九七頁参照）、浦賀奉行所では数年の間に洋式軍艦の建造に向けてかなりの準備が整ったことになる。

一方、洋式軍艦の建造費用については、浦賀奉行が一艘約四三〇〇両と見積もり、当初の見積費用約九三〇〇両で二艘の洋式軍艦と二艘の和洋折衷の「御備船」（小型帆船）、「御備船」を格納する船屋を建造できるとした。戸田らの計画は、九月に洋式軍艦を一艘減らすことで阿部の認可を受け、阿部の指示を受けた勘定奉行は洋式軍艦を早急に建造することを通達した。これを受けて浦賀奉行所では軍艦建造準備が進められ、十月には与力の香山栄左衛門《かやまえいざえもん》・中島三郎助《さぶろうすけ》・佐々倉桐太郎《とうたろう》、同心の斉藤太郎助・中田佳太夫・田中半右衛門・春山弁蔵・岩田平作・

田中来助・浅野勇之助・大久保釘之助が「御船御製造御用掛《おんふねごせいぞうごようかかり》」に、与力の田中信吾が「御船御《おんふねご》普請中見廻《ふしんちゅうみまわり》」に任命された。

また、建造場所として当初は現在の東浦賀一丁目の船大工勘左衛門の所持する土地が選定されたが、この地が手狭だったため、同じく船大工の重五郎の土地で建造が進められることになった。この土地の周辺は、最終的に住友重機械工業株式会社の浦賀艦船工場になったが、日本で最初の洋式軍艦が建造された所として歴史に名を残すことになった。

洋式軍艦「鳳凰丸」の構造と船大工たち

洋式軍艦の建造開始は嘉永六年（一八五三）九月十九日であり、進水は十二月中旬であったと言われている。もっとも航海に必要な装備を整える艤装の終了は安政元年（一八五四）四月であり、もうしばらく時間を要したが、それでも短期間に建造が終わった。完成した洋式軍艦は、艤装終了後に鳳凰丸《ほうおうまる》と名付けられ、浦賀湊に姿をあらわした。鳳凰丸の絵には三本のマストと船尾にはためく日の丸が描かれ、三本のマストの内、前の二本には三段に横帆が、最後尾のマストには縦帆が描かれている。「浦賀史料」によれば、船体は長さ三六メートル、幅九メートルであった。また、艀《はしけ》を四艘搭載したと記されている。船内には将官部屋一カ所、与力部屋四カ所、同心部屋三〇カ所が設けられ、将官部屋には三方に縦九七センチ、横六〇センチの明かり取りのガラス窓が取り付けられたとある。

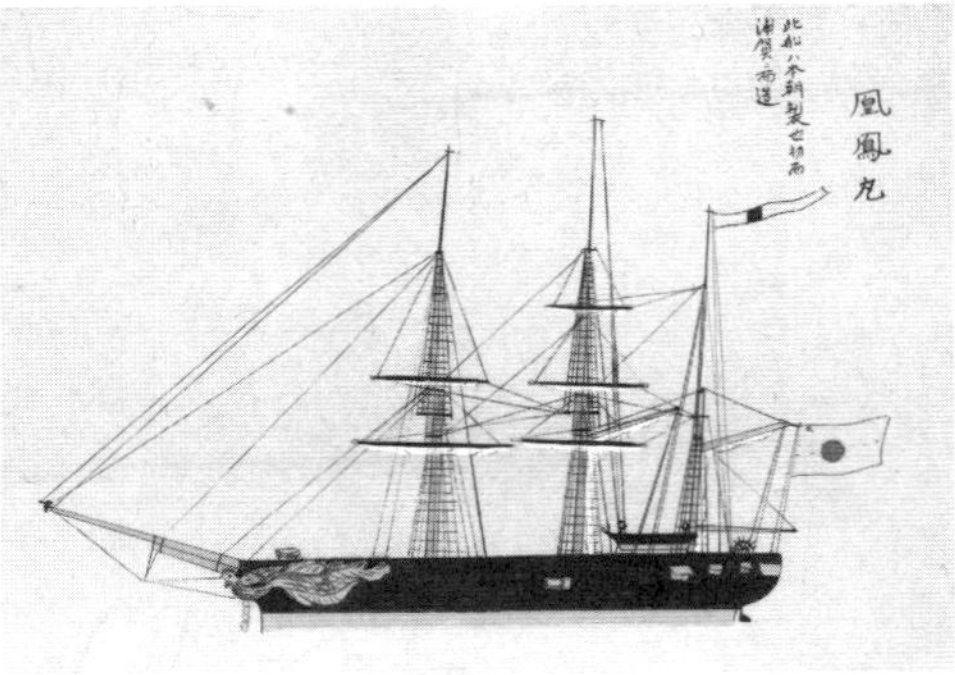

Ⅶ・1　**鳳凰丸**　「遊撃隊起終並南蝦夷戦争記」より　函館市中央図書館蔵

船体は、竜骨《りゅうこつ》（船底の中央を船首から船尾まで貫通する材）に肋材《ろくざい》（船腹に沿って人間の肋骨のように曲がった材）を組み合わせ、その上から外板や甲板を張って建造された。和船では竜骨および肋材のように曲がった材を使用しなかったから、鳳凰丸は在来の船とは大きく違った構造であった。ただし、西洋の船にくらべて肋材の数はかなり少なく、その代わりに和船を建造する際に用いられた外棚や内棚と呼ばれる構造物が船釘などで強固に接合された。そういった意味で鳳凰丸は和洋の造船技術を併用したものと言える。そのため、後に勝海舟や栗本鋤雲《じょうん》は鳳凰丸を「見た目を洋式にしただけの実用的ではない船」と酷評したが、いずれにしても鳳凰丸が日本最初の洋式軍艦であったことは間違いない。また、近年、石井謙治氏が香川県の塩飽《しわく》諸島で発見した古記録から鳳凰丸が洋式の船体構造を持った実用に耐えうる船だったことを明らかにし、鳳凰丸についての評価は変わりつつある。

ところで、鳳凰丸の建造は浦賀に住む船大工の所有地でおこなわれたが、作業は与力や同心の指示で船大工がおこなったと考えられる。「浦賀史料」によれば、建造場所は「会所《かいしょ》」と呼ばれ、「会所」の周りには幔幕《まんまく》が巡らされ、入口には関係者(船大工など)に対する規則書が掲げられた。規則書は六カ条から成り、火災を防ぐため煙管《きせる》をくわえて仕事をすることの禁止、関係者以外の「会所」への入場禁止、飲酒と喧嘩口論の禁止、日の出から日没までの就業などが定められた。

鳳凰丸の乗組員たち

安政元年(一八五四)五月十一日、鳳凰丸の試験航海がおこなわれた。ルートは房総半島の洲ノ崎沖まで行って浦賀に戻るというものであり、五月五日に乗組員が発表された。「浦賀史料」によれば、指揮を取ったのは与力の中島三郎助と佐々倉桐太郎で、カノン砲の管理役として与力の堀芳次郎と朝夷捷次郎《あさいけんじろう》が、小銃などの管理役として与力の松村源八郎と細渕新之丞《しんのじょう》が、船中機械の管理役として与力の岡田増太郎が任命された。与力は「将校」であり、与力の下に「下士官」として二八名の同心が配置された。また、塩飽諸島を出身地とする水主《かこ》（船乗り）四名が船頭役に任命され、漁民や船乗りから徴用された人々を差配して鳳凰丸を運行することになった。

塩飽諸島は瀬戸内海の水上交通の要衝であり多くの船乗りが住んでいた。そのため、幕府は彼らを鳳凰丸の船乗りとして徴用し「兵士」として活用しようとした。船頭役四名を含む塩飽諸島の水主三〇名が大坂を出発したのは三月二十六日で、彼らは四月十一日に浦賀に到着した。また、浦賀町と周辺の漁村からも水主や漁民三三名が徴用され、鳳凰丸の乗組員として任命された。こうして試験航海の準備が整い、五月十一日に無事試験航海が終了した。その後、先に乗組員として任命された与力・同心、水主や漁民に加え、五月には足軽一五名が乗組員に任命され、最終的に鳳凰丸の乗組員は一二七名になった。

ところで、塩飽諸島の水主は三浦半島から徴用された水主や漁民を指導する立場にあったようで、「浦賀史料」の安政元年七月の項に、これまで塩飽の水主が鳳凰丸を運行してきたが、技術を学んだ人々も増えてきたので、今後は半年交替で塩飽から一五人ずつの水主を浦賀に呼び寄せることになったと記されている。塩飽諸島の水主がどのようにして洋式軍艦の帆走技術を学んだのかについては分かっていないが、ペリー艦隊来航前後の時期にあって、国内に洋式軍艦の帆走技術を持った集団がいたことは興味深い事実である。はたして彼らの帆走技術がどの程度のものであったのか今後も検討する必要があるが、その後も鳳凰丸は東京湾内で訓練を繰り返した。九月には安房方面でカノン砲の一斉射撃訓練をおこない、その砲声は遠方にまで響き渡ったという。

最終的に鳳凰丸が老中阿部正弘ら幕閣の視察を受けたのは安政二年（一八五五）二月三十日であったが、この時、再度、乗組員が発表された。乗組員については「浦賀史料」に記述があり、章末に収録した表に乗組員に任命された与力と同心を掲げている。この内、後に幕府が長崎に設置した長崎海軍伝習所に入ることになるのは与力の中島三郎助・佐々倉桐太郎・朝夷捷次郎、同心の土屋忠次郎《ちゅうじろう》・春山弁蔵・浜口興右衛門《おきえもん》・岩田平作・金沢種米之助《かなざわしゅめのすけ》の八名であり、鳳凰丸の乗組員に選ばれたことが次の人生へのステップになった。また、鳳凰丸には与力・同心のほか、四三人の水主、一二人の足軽、七人の与力小者、四人の船大工、二人の鉄砲師、一人の医師も乗船し、乗組員は総勢一〇四人に達した。

老中・若年寄の鳳凰丸視察

鳳凰丸が老中らの視察を受けるために浦賀を出港し江戸に向かったのは安政二年（一八五五）二月二十七日のことで、老中らが鳳凰丸に乗船したのは二月三十日であった。この間のできごとについては「浦賀史料」に記述がある。鳳凰丸乗組員の与力や同心が浦賀奉行所に揃ったのは二月二十七日の早朝で、その後、与力たちは浦賀奉行松平信武《のぶたけ》とともに鳳凰丸に乗船した。浦賀の出港は午前七時頃で、午後一時頃には現在の東京都大田区の沖に碇泊した。二十八日には老中・若年寄らの視察に先立ち大目付・勘定奉行・目付が鳳凰丸を訪れ、与力の中島と佐々倉が出迎えた。この時、老中の視察に際しての段取りが決められ、当日は老中と若年寄を船内の控所へ案内し、茶と煙草盆を与力が給仕することになった。また、老中らの質問には中島と佐々倉が答えること、その後、船内と船外を案内することが決められた。

二十九日には老中以下の視察メンバーが発表され、阿部正弘・久世《くぜ》広周《ひろちか》・内藤信親《のぶちか》の三人の老中、鳥居忠挙《ただひら》・遠藤胤統《つねのり》・本庄道貫《みちつら》の三人の若年寄、井戸弘道・筒井政憲《まさのり》の二人の大目付のほか、勘定奉行・目付・箱館奉行・勘定吟味役・御側衆《おそばしゅう》・二の丸留守居・祐筆らが列席することになった。また、当日のスケジュールも発表され、老中や若年寄が午前七時過ぎに屋敷を出発し、品川の東禅寺に集合の後、小舟で鳳凰丸を訪れることが知らされた。三十日の視察当日、鳳凰丸は鈴ヶ森沖に碇泊し、この地点で老中を迎えた。乗船に際しては与力・同心・足軽・水主が平伏して出迎え、江戸詰めの浦賀奉行土岐朝昌《ときともまさ》が老中らを控所へ案内した。船内の案内終了後は小銃の訓練が披露され、中島らの指揮で与力や同心が小銃を発射した。その後、老中と若年寄は小舟に乗り換え、鳳凰丸の帆走を小舟から眺め、カノン砲による空砲発射を確認して視察は終了した。

中島らに視察の結果が知らされたのは三月二日の昼頃で、浦賀奉行の土岐が登城し、老中の阿部から直接言葉を賜ったことが知らされた。阿部は、鳳凰丸が遠洋航海には適さないものの、東京湾や浦賀の海防には役立つことを認め、与力・同心による小銃やカノン砲の発射訓練についても順調であったとした。その後、土岐は与力・同心・足軽・水主に褒美を記した目録を渡した。視察の際に説明役をつとめた中島と佐々倉には「亀綾《かめあや》」と呼ばれる絹織物一反が、与力には一人金二分が、同心組頭には一人金一分二朱が、同心には一人金一分が、足軽と船大工には一人金二朱が、水主には一人金一朱がそれぞれ渡された。また、阿部は塩飽と浦賀の水主に対し帆走がうまくできたと言葉を添え、今後も洋式軍艦が建造された際には船乗りとして協力するようにと述べた。こうして老中らの視察は終わったが、その後も品川沖に碇泊する鳳凰丸への幕府役人の視察は続き、最終的に二五〇名以上の幕府役人が鳳凰丸を訪れることになった。鳳凰丸の完成は近代的な幕府海軍の創設を期待する幕府役人の注目を浴びたことは間違いない。

浦賀奉行所与力の洋式帆船視察

老中・若年寄が鳳凰丸を視察した直後の三月十五日、浦賀奉行の松平信武は与力の中島三郎助と佐々倉桐太郎、二人の船大工、通詞《つうじ》の高畠《たかばたけ》五郎を伊豆の戸田《へだ》村（現在、静岡県沼津市）に送り、同地で竣工したばかりの洋式帆船を視察することを命じた。この帆船は、ロシア人の指導で日本の船大工が建造したもので、指導にあたったロシア人は日本と和親条約を結ぶために下田に来日したロシア使節のプチャーチン一行であった。ロシア人が戸田村で洋式帆船を建造することになったのは、来日に際して乗ってきた船（ディアナ号）が、安政元年（一八五四）十一月四日に下田を襲った津波で大きな損傷を受け、その後、沈没したためであった。乗船を失ったプチャーチン一行は、帰国に用いるための洋式帆船を建造することを幕府に願い出、戸田村での建造が許可された。工事は暮から始まり、約三カ月の突貫工事で六〇人乗り程度の小さな帆船「ヘダ号」が完成した。与力や船大工の戸田村への派遣は、鳳凰丸建造に携わった人々に「ヘダ号」を見学させることによって、一層の造船経験を積ませることが目的であった。

この時の視察については中島三郎助の孫にあたる中島義生氏が編纂された『中島三郎助文書』に中島の紀行文（「南豆紀行」）が収録されている。同書によれば、十五日早朝に浦賀を出立した一行は鎌倉を経由して東海道藤沢宿に泊まっている。翌日は小田原宿に宿泊し、十七日に箱根の関所を通過し、三島宿に宿泊した。三島宿からは伊豆半島を南下し、修善寺を経由して十九日に戸田村に到着したが、「ヘダ号」は既に出帆した後で、これを聞いた中島は「旅の疲れがどっと出て呆然とした」と記している。しかし、この日の午後、「ヘダ号」は戸田村に帰帆し、中島一行は任務を果たすことができるようになった。

翌日の記述によれば、プチャーチンは遠州沖でフランス船を発見し、フランス船に「ヘダ号」を拿捕されることを恐れて帰帆したとある。当時、ロシアはフランスと交戦中で（クリミア戦争）、その影響は日本近海まで及んだ。はたして中島らが緊張する国際情勢をどのように感じたのかは分からないが、ともあれ中島らは二十日の午後から「ヘダ号」を見学できることになった。二十一日の記述には、「ヘダ号」の乗組人数が五二人であり、ボートを六艘搭載していると記されている。また、「ヘダ号」が出帆した二十二日の記述には、ロシア人から聞き取ったと思われるロシア語がカタカナで記載され、小銃の引き金を「スタノーカ」、台尻を「アビヨム」、弾丸を「フーリヤ」と呼ぶと記されている。おそらく中島は小銃を指さしながら、ロシア語を聞いていったと思われる。さらに、軍事行動をおこなう際の号令もカタカナで記載され、中島の旺盛な好奇心を現在に伝えている。中島が浦賀に帰ったのは四月七日であったが、中島らはロシア人たちと交流を深めることによって見聞を広めることになった。

長崎海軍伝習所の設立

嘉永六年（一八五三）九月、幕府は大型軍艦の建造を解禁し、その後、国内では相次いで洋式軍艦が建造された。また、同時期に老中の阿部正弘はオランダから洋式軍艦を購入することを検討し始めた。そのため、阿部からの指示を受けた長崎奉行の水野忠徳《ただのり》は、同年八月下旬に、オランダ商館長ドンケル・クルチウスと交渉を始めた。その後、クルチウスは本国に阿部の意向を伝え、オランダは幕府と詳しい交渉をおこなうために、安政元年（一八五四）七月下旬、海軍のファビュス中佐を長崎に送った。長崎に到着したファビュスは洋式軍艦を運用するためには軍艦を維持管理できる組織と人が必要であると述べ、軍艦を購入するだけでは宝の持ち腐れになると説いた。これに対し幕府はファビュスの意見を受け入れ、新造船の購入を決めると同時に、オランダに海軍を創設するための教師団を派遣することを依頼した。

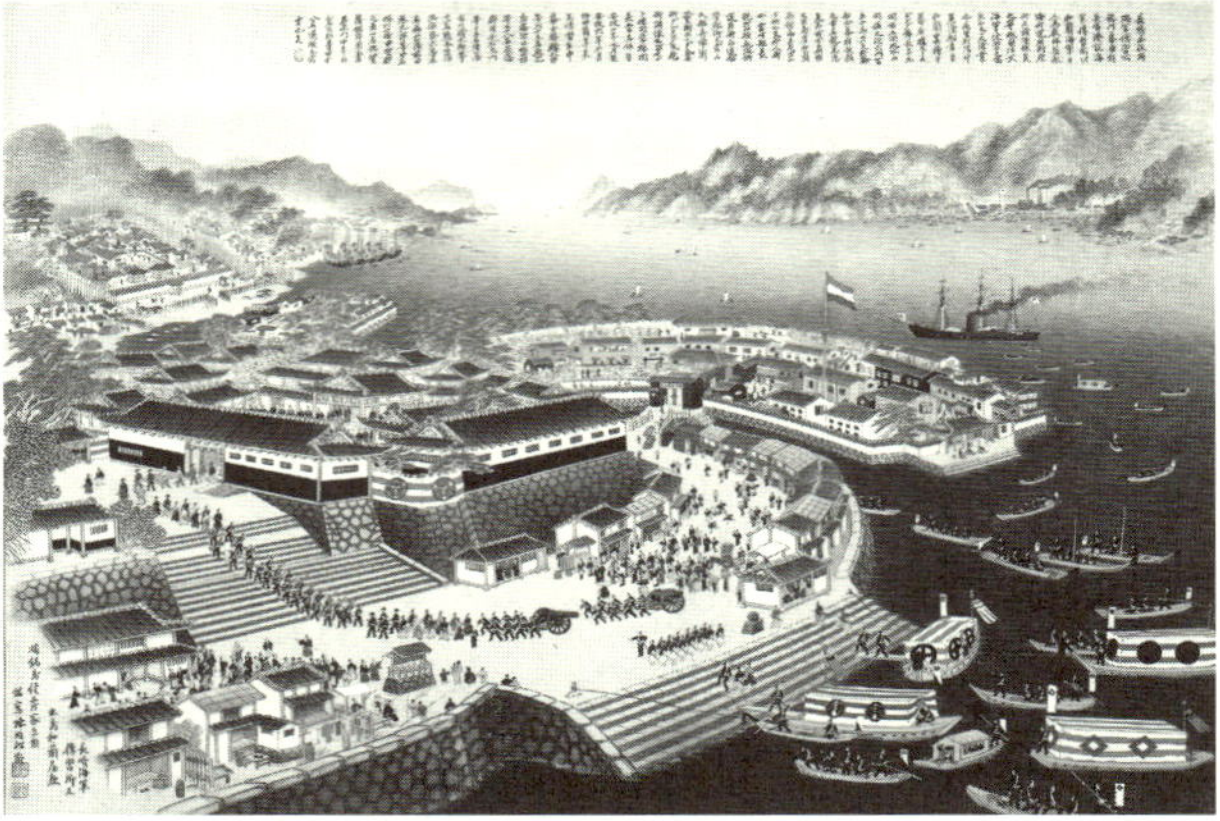

Ⅶ・2　長崎海軍伝習所図　出島の沖に観光丸が見える。　佐賀県立佐賀城本丸歴史館蔵

日本との交渉を終えたファビュス中佐は九月五日に帰国の途についたが、その後、オランダ政府は船の建造には時間がかかるので、嘉永三年（一八五〇）に建造された蒸気船スンピン号をバタビアから長崎に回航し幕府に献上することを決定した。こうしてファビュスは安政二年（一八五五）六月九日に、スンピン号を率いて再び長崎に来航した。この時、ファビュスは教師団を連れて来日し、これ以後、長崎において海軍伝習所設置に向けて準備を推し進めた。一方、長崎に到着したスンピン号は、しばらくの間、海軍の練習艦として使われたが、安政三年（一八五六）に観光丸と改名され、幕府が所有した最初の蒸気船として歴史に名を残すことになった。

次に、オランダが派遣した海軍伝習所の教師団であるが、団長は航海科出身の海軍大尉ペルス・ライケンで、総勢二二名のオランダ人が日本人の指導に当たることになった。教師団が教えた科目については、勝海舟が編纂した『海軍歴史』などに記述があるが、士官候補生には航海・造船・数学・砲術・船具・蒸気・オランダ語の七科目を習得することが課せられた。また、下士官や水兵には、それぞれの担当に応じて蒸気船の操船や武器の操作などが教授された。オランダ教師団には総額一カ年三〇〇〇両以上の給与が支払われ、長崎西奉行所が校舎として使用された。安政二年七月二十九日には、長崎在勤の目付であった永井尚志《なおゆき》を伝習所総取締に任命することが伝えられ、伝習所は正式に発足することになった。伝習所の開所式がおこなわれたのは十月二十二日で、永井は艦長候補生や士官候補生を率いて出島のオランダ商館に向かい、ペルス・ライケンに彼らを紹介した。教師団は出島に住み、これ以後、出島はオランダ人教師と伝習生との交流の場所になった。

与力や同心の長崎派遣

長崎で伝習所の開設準備が進められていた頃、幕府は伝習生の人選をおこなっていた。この時、将来の艦長候補生は旗本から選ばれ、徒目付《かちめつけ》の永持亨次郎《ながもちこうじろう》、小十人組《こじゅうにんぐみ》の矢田堀景蔵《やたぼりけいぞう》、小《こ》普請組《ぶしんぐみ》の勝海舟（麟太郎）が選出された。士官候補生は浦賀奉行所の与力、伊豆韮山《にらやま》に代官所を持つ江川英敏《ひでとし》の手代、鉄砲方の与力から選出された。下士官候補生には浦賀奉行所の同心、長崎の地役人、鉄砲方の同心が選ばれ、水兵には船大工や塩飽と浦賀の水主が選ばれた。このほか員外聴講生として矢田堀や勝の関係者、浦賀奉行所与力の中島三郎助の若党であった渡辺長蔵が伝習所で学ぶことになった。浦賀奉行所の関係者については章末の表にまとめたが、与力の中島と佐々倉のほか、同心の土屋・浜口・岩田・飯田・春山・山本・金沢らが伝習生となった。『海軍歴史』には伝習所で学ぶべき科目が個人別に記されているが、中島は「士官としての教育を受け、特に造船を学ぶべき」とある。佐々倉については「士官として全般的に教育を受けよ」と記され、土屋は「公用方心得」を、春山は「軍艦製造方」を、岩田と浜口は「水夫の取り締まり方」を、飯田と金沢は「大砲や小銃の扱い方」を、山本は「帆や縄の結び方」を学べと記されている。船大工や水兵については記されていないが、彼らは幕府海軍の中核として活躍することを期待された。

　第一期伝習生の訓練は安政四年（一八五七）三月まで続けられ、その後、中島・春山・飯田を除く浦賀奉行所の関係者は長崎を去ることになった。しかし、この頃から第二期伝習生の伝習が始まり、浦賀奉行所からは蒸気機関の構造を学ぶために、与力岡田増太郎の弟の井蔵《せいぞう》が派遣された。また、同時期に諸藩の伝習生の受け入れが本格的に始まり、従来から伝習を認められていた佐賀藩に加えて福岡藩・薩摩藩・長州藩・熊本藩・福山藩・津藩・掛川藩・田原藩の藩士が伝習するようになった。さらに、同年九月には第三期の伝習生の受け入れが始まり、浦賀奉行所からは与力の朝夷捷次郎、同心の柴田真一郎が入所し、安政元年（一八五四）三月に、浦賀奉行所から下田奉行所に移った合原操蔵《ごうはらそうぞう》にも海軍伝習所への入所が命じられた。

一方、この時期にペルス・ライケン率いる第一次教師団が、カッテンディーケ大尉の率いる三二名の第二次教師団と交代した。第二次教師団が長崎に到着したのは安政四年（一八五七）八月五日で、彼らは軍艦ヤッパン号に乗って長崎港に入港した。ヤッパン号は、幕府がオランダに建造を依頼した軍艦で、後に咸臨丸《かんりんまる》と改称され万延元年（一八六〇）に遣米使節の随行艦として渡米したことから有名になった。第二次教師団は観光丸と咸臨丸を使って伝習をおこない、第一期伝習生の残留者と第二期、第三期の伝習生に厳しい訓練をおこなうことになった。

「長崎御用留」から

「長崎御用留《ながさきごようどめ》」は中島三郎助が記したもので、『中島三郎助文書』（中島義生編）に収録された史料である。この史料は、浦賀奉行所の人々が長崎海軍伝習所に派遣されるようになった経緯を記し、安政二年（一八五五）八月から十一月までのことが収録されている。「長崎御用留」によれば、老中阿部正弘が浦賀奉行に対し伝習生の人選を命じたのは八月十二日で、阿部は二人の与力、一〇人の同心、二人の船大工を伝習生として選ぶように命じた。与力・同心については若者で手堅い人物であるか、あるいは砲術・蘭学・造船に詳しい者から選ぶという条件を付した。船大工については鳳凰丸を建造した者から選ぶことが求められた。その後、伝習生に選ばれた者に対して、長崎では「砲術、陸戦、台場の築造」などを学ぶことが命じられた。また、塩飽諸島の水主については、一カ年に一人一〇両と米一升、臨時の手当として一日に一人銀一匁《もんめ》五分が与えられることになった。

　八月二十六日には長崎への旅程が目付の岩瀬忠震《ただなり》らから示され、薩摩藩が建造し幕府に献上した洋式軍艦の昇平丸で長崎に行くこと、九月初旬に品川沖で同船に乗船することが伝えられた。翌日には乗船にあたって手持ちの荷物を減らすこと、特に駕籠《かご》や長持《ながもち》を持ち込むことを禁じることが伝えられ、与力や同心については具足《ぐそく》（甲冑《かっちゅう》）を持参しないことが申し合わされた。また、老中の阿部からは、今回の任務が国にとって重要なものであり、在勤中は清廉潔白の生活を心がけるようにとの申し渡しがあり、伝習内容を知りたいと考える諸藩の藩士らから贈り物などを貰うことがないようにとの通達があった。

与力や同心が江戸城に入ったのは八月二十八日で、江戸城の「柳之間御廊下」において目付岩瀬忠震や勘定吟味役村垣範正《むらがきのりまさ》らが同席する中、伝習生による起請文《きしょうもん》（伝習に出発するにあたっての決意を述べた誓詞）が朗読された。その後、浦賀奉行所の人々は、二十九日に品川宿に泊まり、九月三日に昇平丸に乗って長崎に向かった。昇平丸の航海については、浦賀奉行が九月下旬から風向きが西風となり長崎への航海に適さなくなると述べ、できるだけ早い出港が望ましいとした。このため、長崎への航海は慌ただしい出発になったようである。また、浦賀奉行は長崎への与力派遣に際して、与力が小者《こもの》（武家の雑役に使役された使用人）を何人連れていけるのかを質問した。これに対し、岩瀬や村垣は与力一人に付き若党一人、槍持ち一人、草履取り一人、同心は全員で小者二人が妥当であると回答した。実際、何人の小者がいたのかは分からないが、数人の小者が長崎に同行した可能性がある。昇平丸の長崎到着は十月二十日で、その後、浦賀奉行所の人々は海軍伝習所に配備された。

長崎海軍伝習所に関する規則を読む

　長崎海軍伝習所の伝習については、藤井哲博氏の研究（『長崎海軍伝習所』中公新書）や松浦玲氏の研究（『勝海舟』筑摩書房）がある。また、第二次教師団団長のカッテンディーケが記した「滞日日記抄」の翻訳（水田信利訳『長崎海軍伝習所の日々』）が平凡社から刊行され、伝習内容などを具体的に知ることができる。また、『海軍歴史』にも関連資料が収録されているが、ここでは『海軍歴史』に収録された資料（幕府が定めた伝習についての規則）を題材に長崎での伝習の実態を眺めてみたい。

　最初に紹介するのは安政二年（一八五五）十月下旬に、伝習所総取締の永井が矢田堀・勝・永持に渡した規則である。規則は二つあり、「船中課程」と題された規則には、夏は午前五時に、冬は午前六時に起床し、鐘の合図で揃って朝食を取るとある。その後、船の内外を掃除し、太鼓打ち（太鼓を使っての命令伝達）や小銃の訓練、帆桁《ほげた》の引き上げや帆を張る訓練をおこなうことを決めている。午後は昼食後しばらく休息し、オランダ人教師を迎えに行き、彼らの指導で訓練が実施された。夜は当番が船内を巡回し、竈《かまど》の火元の確認や灯籠《とうろう》の点灯をおこなうことが決められた。休日については大砲や小銃の手入れ、帆綱や石炭の風入れなどをおこなうことを決めている。

次に「船中章程」と題された規則は、伝習生に対して禁止事項などを示したものである。規則は一六カ条から成り、最初の箇条では伝習生が一刻も早く技術を習得するように心がけよと記されている。第二条では飲酒・口論・雑談の禁止が、第三条では決められた場所以外での喫煙の禁止が定められた。第四条は飲食物に関する規定であり、賄い役は味にも配慮せよとある。第五条から第七条は船の出入りに関するもので、火薬庫の鍵の管理について定め、伝習生以外の人が船に出入りすることが禁止された。第八条から第一三条は船の備品や装備の管理に関するもので、小銃や火薬、食料や地図の管理者が具体的に定められた。また、第一四条では伝習生の休日について定め、第一五条では規則に違反した者は直ちに処分し、幕府に届け出ることが定められた。

以上、二つの規則は伝習所での訓練が始まる直前に定められたものであるが、規則はその後も順次整備された。たとえば、安政四年（一八五七）には、伝習生の伝習日程について定めた規則が公表された。規則によれば、伝習は日曜日が休みであり、月曜日から土曜日まで時間割が細かく決められた。たとえば、月曜日の午前九時から一〇時三〇分の時間割には「船中帆前、船具、砲術築城」とあり、一〇時三〇分から一二時には「運用、造船」とある。午後二時から三時は「騎兵調練、算術、蒸気」であり、三時から四時は「手銃」であった。火曜日の午前九時から一〇時三〇分は「船中大砲、航海、騎馬調練、船具」、一〇時三〇分から一二時は「代数学・運用」、午後二時から三時は「砲術築城、算術」、三時から四時は「造船・蘭語」であった。

このほかの曜日も同様の伝習が同じ時間帯におこなわれたが、上記以外の科目としては金曜日に地理、土曜日に歩兵調練と船掃除があった。規則ではそれぞれの科目の具体的な伝習内容については記していないが、実習に加えて座学もおこなわれたと思われる。また、同時間に複数の科目が記されているから、伝習生は目的に応じていずれかの科目を受講したと思われる。

船大工鈴木長吉の残した記録

長崎海軍伝習所で学んだ浦賀奉行所の関係者の中には、熊蔵と鈴木長吉の二人の船大工がいた。彼らは浦賀で鳳凰丸建造に従事したが、洋式軍艦建造の技術をより一層磨くために長崎に派遣された。二人の内、鈴木長吉については、近年、鈴木のご子孫にあたる三澤晨子氏の家（静岡県河津町《かわづ》）から関係資料が発見され、資料は平成二十三年（二〇一一）に横浜開港資料館に寄託された。資料は大変珍しいもので、資料の寄託によって船大工の実態を具体的に知ることができるようになった。

三澤家に残された資料と同家に伝えられた話によれば、鈴木は、文政元年（一八一八）に伊豆国加茂郡河津浜（現在、静岡県河津町）に生まれ、長じて浦賀の船大工棟梁十五郎のもとで修行したという。鈴木が浦賀に出た理由は分からないが、河津浜は伊豆半島の流通の拠点であり、廻船を通じて浦賀と関係が深かったことが、鈴木の浦賀での修行となんらかの関係があったのかもしれない。その後、浦賀で腕の良い船大工として名を知られるようになった鈴木は、先に紹介した鳳凰丸の建造に従事することになった。また、長崎海軍伝習所の設置に際しては、幕府の命令で長崎に向かい、同地でオランダ人から造船技術を学んだ。

長崎での二年間の伝習を終えた鈴木は、幕府が江戸に設けた軍艦操練所に教官として出仕し、造船技術を後進に伝えることになった。さらに、万延元年（一八六〇）には、遣米使節の随行艦であった咸臨丸に乗ってアメリカに渡り、同地の造船所などを視察した。帰国後は江戸の石川島で蒸気軍艦の千代田丸《ちよだまる》の建造に携わったほか、明治維新後は横須賀製鉄所（造船所）で後進の指導にあたったという。このように鈴木は近代の造船業に大きな足跡を残したが、その出発点が鳳凰丸の建造と長崎海軍伝習所での技術伝習にあったことは間違いない。また、三澤家に伝来した資料は、そうした彼の足跡を現在に伝えるものであった。

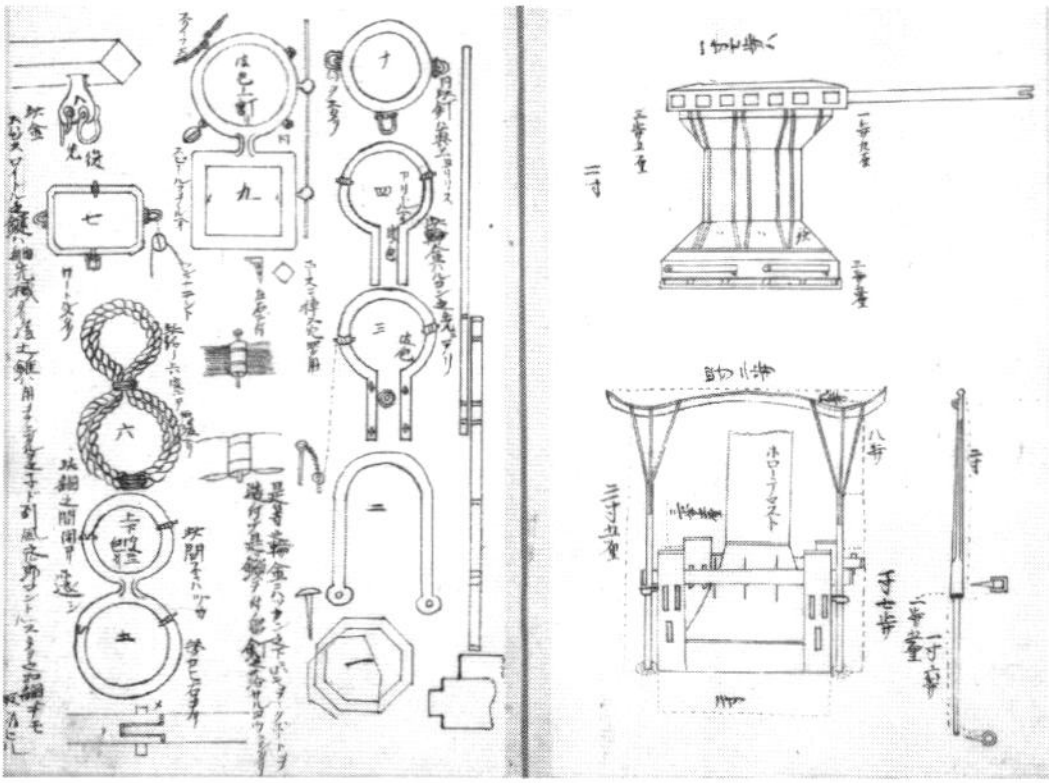

VII・3　船大工鈴木長吉が残したスケッチ　観光丸の船具が詳細に描かれている。「観光丸見取之図」より　横浜開港資料館保管

三澤家に残された資料の総点数は七二点で、主な資料としては海軍伝習所の練習艦であった観光丸のスケッチ帳、鈴木の肖像写真、鈴木がアメリカから持ち帰ったアメリカ製の食器、横須賀製鉄所に勤務した際の辞令などがある。なかでも観光丸の帆柱や船具などを詳細に描いたスケッチ帳は、長崎海軍伝習所で船大工がどのようなことを学んだのかを伝える貴重な記録である。「観光丸見取之図」と題されたスケッチ帳は六一頁から成り、最初の頁に船の大きさが記されているほかはすべて図面である。甲板上の帆柱や舵などの船具類と、それらがどのように船体に取り付けられているかなどが事細かに写し取られている。

また、図の横には具体的に説明が付せられ、寸法などが記されている。おそらく同じ船具を再び作れるように鈴木が記したものと思われる。スケッチ帳の一頁一頁から西洋の技術を学び取りたいという熱い思いが伝わってくる。伝習生たち一人一人の人生を追いかけるわけにはいかないが、こうした人々が次の時代を切り開いたと言えそうである。

東京湾が幕府海軍の拠点に

先に述べたように、長崎海軍伝習所では第三期の伝習生まで受け入れたが、その頃から幕府は恒久的な海軍要員の育成は江戸でおこないたいと考えるようになった。『海軍歴史』によれば、幕府は安政四年（一八五七）春に、「長崎での伝習を終え、新たに江戸築地に軍艦操練所（当初は軍艦教授所と呼称）を設置する」ことを決めている。同年七月十九日には軍艦操練所での訓練が始まっているから、急遽設置が決められた感がある。これにともない長崎海軍伝習所は閉鎖することが検討され、安政六年（一八五九）一月十三日に、幕府は長崎での伝習の中止を長崎奉行に命じた。

同年二月上旬、伝習所総取締役の木村喜毅《よしたけ》は、第二次教師団団長のカッテンディーケを招き伝習所の閉鎖を伝えたが、その様子をカッテンディーケは「何人も予期しなかったこの奇怪な通告」(『長崎海軍伝習所の日々』)と記している。通告はかなり唐突であり、教師団は幕府の決定に不満を持ったようである。また、彼は軍艦操練所の運営が日本人だけでおこなわれていることに触れ、「幕府がオランダ人の援助も教育も無用であるという結論に達した」と述べている。事実、江戸の軍艦操練所では長崎海軍伝習所の伝習生が後進の指導にあたっており、幕府は日本人による海軍建設を模索し始めていた。

軍艦操練所設立当初の教授陣については『海軍歴史』に記述があり、総督には初代長崎海軍伝習所総取締をつとめた永井尚志が、教授方頭取には矢田堀景蔵が任命された。また、教授陣として八名の教授方と八名の教授方手伝八名が任命されたが、彼らの内、一名を除く全員が長崎海軍伝習所で学んだ伝習生であった。この内、浦賀奉行所の関係者は、教授方の佐々倉・浜口・岩田・山本、教授方手伝の土屋の五名で、浦賀奉行所の与力や同心が軍艦操練所の教授陣の中核を占めた。その後、中島も教授方に就任したから(『中島三郎助文書』)、浦賀奉行所の人々は幕府海軍の創出に大きな役割を果たしたことになる。一方、操練所で学ぶ人々についても『海軍歴史』に記述があり、旗本や御家人および彼らの子供や兄弟などから希望者を募るとある。また、大名や旗本の家臣の内、優秀な者には伝習を許すとある。伝習の内容は「測量・算術・造船・蒸気機関・船具運用・帆前調練・海上砲術・大小砲船打ち調練」で、このほか「水泳・水馬・艪手」と呼ばれる実技指導もあった。

次に、調練用の軍艦については長崎海軍伝習所で使われていた船が順次回航された。最初に回航されたのは観光丸で、安政四年（一八五七）三月に永井や佐々倉によって東京湾に運ばれた。また、同年、幕府がイギリス人から買い上げ長崎に置いていた帆船の鵬翔丸《ほうしょうまる》も安政五年（一八五八）五月に品川沖に到着した。さらに、同年中に咸臨丸が東京湾に入ったほか、幕府がオランダから買った朝陽丸も安政六年（一八五九）初頭に品川沖に配備された。これに加えて、イギリス女王が将軍に献上した蟠龍丸《ばんりゅうまる》も品川沖に置かれたから、東京湾は一気に幕府海軍の拠点になった感がある。

これにともない東京湾の軍港化も進み、浦賀では「修復場《しゅうふくば》」（船の修理工場）が整備されたほか、慶応元年（一八六五）以降、横須賀では製鉄所（造船所、後の横須賀海軍工廠）の建設が進められ、横浜にも分工場が建設された。浦賀の「修復場」については、『新横須賀市史、通史編、近世』に紹介されているが、安政四年（一八五七）に観光丸が、万延元年（一八六〇）に咸臨丸と朝陽丸が、文久二年（一八六二）には蟠龍丸が「修復場」で修理されたという。また、「修復場」では軍艦操練所の矢田堀・春山・中島らが指導にあたった。鳳凰丸の建造開始からわずか一〇年あまり、幕府海軍の創出にともない浦賀町も大きく変貌しようとしていた。

【鳳凰丸乗組の与力と同心（安政二年）】

役職	名前（カッコ内の数字は各役職人数）
与力	中島三郎助・佐々倉桐太郎・樋田多々郎・朝夷楗次郎・岡田増太郎・細渕新之丞・松村源八郎（7）
同心組頭	福西源兵衛・臼井進平（2）
同心	土屋栄五郎・柴田伸助・田中半右衛門・土屋忠次郎・春山弁蔵・吉村弘衛門・小原勇次郎・福西啓蔵・岩田平作・田中来助・小野甚蔵・河野四郎左衛門・金沢種米之助・秋山透・春山鈜平・田浦福太郎・浅野源四郎・直井彦七・金沢元吉・土屋喜久助・後藤信八・寺田彦次郎・岩田巳之助・込山織之介・浜口興右衛門・中田辰蔵（26）

慶応義塾図書館蔵「浦賀史料」第五より作成

【長崎海軍伝習所に派遣された浦賀奉行所関係の人々】

派遣時期	名前
第一期伝習生	中島三郎助・佐々倉桐太郎（以上、与力）・土屋忠次郎・浜口興右衛門・岩田平作・飯田敬之助・春山弁蔵・山本金次郎・金沢種米之助（以上、同心）・熊蔵・鈴木長吉（以上、船大工）・渡辺長蔵（中島三郎助若党）・浦賀水主、一九名・塩飽水主、一二名
第二期伝習生	岡田井蔵（与力の弟）
第三期伝習生	合原操蔵・朝夷捷次郎（以上、与力）・柴田真一郎（同心）

『海軍歴史』より作成

第Ⅷ章　国際化と政局の混乱が進む中で

通商条約の締結と横浜開港

幕府は安政元年（一八五四）三月三日の日米和親条約の締結を皮切りに、翌年十二月までにイギリス・ロシア・オランダとも和親条約を結んだ。和親条約では外国船への物資の補給のほか漂流民の救助と保護などが定められたが、各国はこの条約を踏み台に最終的な目的である貿易の開始を求め始めた。次なる条約の締結に向けて口火を切ったのはアメリカで、交渉にあたったのは安政三年（一八五六）七月に、伊豆国下田（静岡県下田市）に赴任したアメリカ総領事のタウンゼント・ハリスであった。彼は容易に条約を結ぼうとしない幕府と粘り強く交渉を繰り返し、最終的に安政五年（一八五八）六月十九日に日米修好通商条約が結ばれた。

その後、幕府は同年十月までにオランダ・ロシア・イギリス・フランスとも同内容の条約を結び、条約に基づき神奈川・箱館（函館）・長崎・新潟・兵庫の五つの港の開港が決まった。また、翌年から開港したのは神奈川・箱館・長崎の三つの港で、その後、新潟と兵庫を開港することが決められた。神奈川については通商条約締結当時、開港場《かいこうじょう》（外国人と貿易をする場所）を東海道の神奈川宿に置くのか、対岸の横浜村に置くのかが決まっていなかったが、同年八月四日に大老井伊直弼《なおすけ》が横浜村を開港場にすることを決定した。当初、各国外交団は大きな商人もい

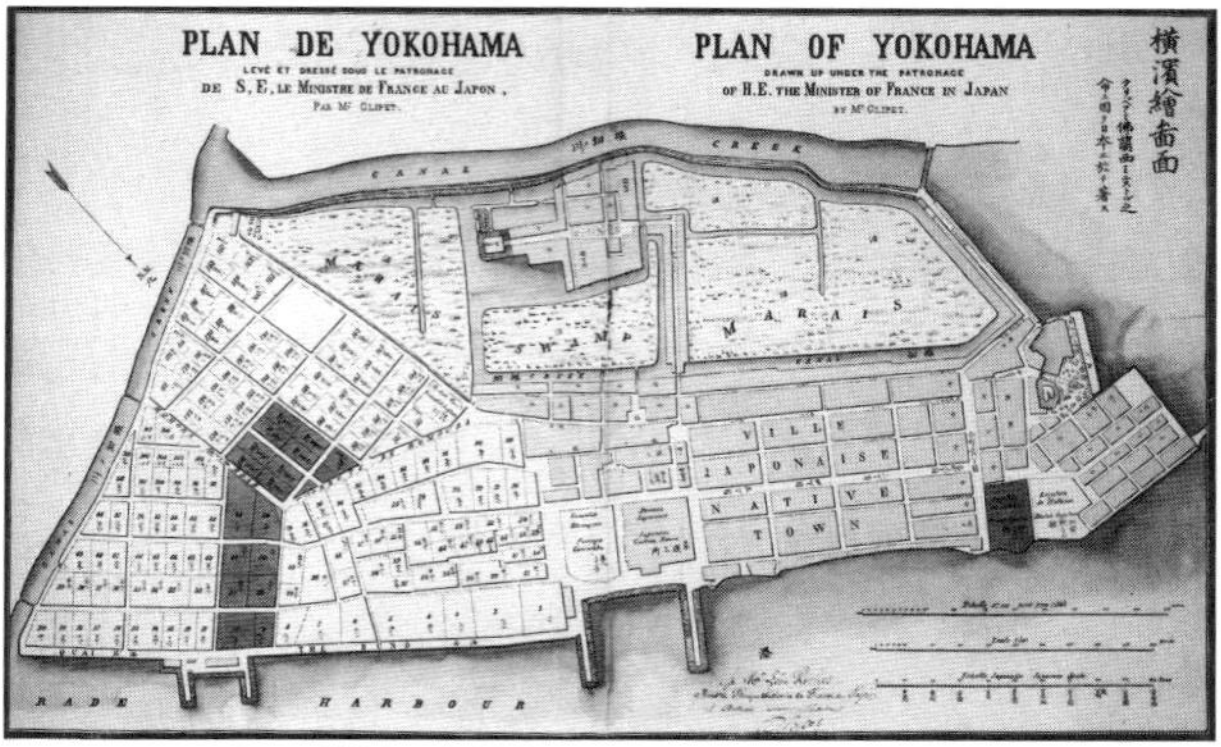

Ⅷ・1　クリペ画、横浜居留地地図　波止場を挟んで左側が居留地、右側が日本人の居住区である。　横浜開港資料館所蔵

ない横浜村を開港場にすることに強く反対したが、幕府が横浜村に町を建設し始め、外国商人の多くも大きな船が陸地近くに碇泊でき、広い敷地のある横浜を開港場として選択したため、最終的に横浜が開港場になっていった。

実際に横浜が開港したのは安政六年（一八五九）六月二日で、横浜開港を知った各国商人は続々と横浜に集まった。また、横浜で商売することを希望する日本人も増加し、開港直後の段階で、横浜移住を幕府に願い出た人は一〇〇人以上に達した。一方、開港場の建設工事が始まったのは同年二月頃からで、土地や波止場の造成、役所や官舎の建設が急ピッチで進んだ。また、東海道と横浜を結ぶ「横浜道《よこはまみち》」と呼ばれる新道も建設され、横浜は江戸と一本の道で結ばれた。こうして横浜は急激に大きな都市へと変わっていくことになり、元治元年（一八六四）の横浜在留イギリス領事の報告によれば、この段階での日本人人口は一万二〇〇〇人を超えた。また、文久元年（一八六一）の「居留地名簿《きよりゆうちめいぼ》」によれば、横浜に住む西洋人は一二〇人を超えている。これに加えて一時的に横浜に足を運ぶ人を加えれば、横浜には常に数万人の人がいたと思われる。

横浜での貿易の本格的な開始は安政六年八月で、貿易は生糸の輸出から始まった。その後、茶や蚕種《さんしゅ》（蚕の卵）の輸出も始まり、慶応三年（一八六七）には生糸が全輸出品価額の約五〇%を占め、蚕種が約二〇%、茶が約一五%を占めた。このほか海産物・原綿・漆器などが輸出されたが、先の三品にくらべれば少なかった。これに加えて万延元年（一八六〇）からは輸入貿易も本格化し、綿織物や毛織物を中心に綿糸・鉄製品・薬品・船舶・武器などが大量に移入した。こうして慶応四年（一八六八）には輸出価額が約一七六八万ドル、輸入価額が約一二三九万ドルに達した。

こうして横浜は輸出・輸入とも他の貿易港を圧倒し、万延元年以降、横浜での貿易額は常に全国貿易額の三分の二以上を占めた。特に輸出においては長崎や箱館をはるかに超え、主要輸出品の生糸と蚕種の輸出を完全に独占した。また、茶についても横浜は全輸出量の六割以上を扱った。こうして横浜は日本最大の貿易港になり、横浜港は周辺地域の経済や社会にも大きな影響を与えることになった。

神奈川奉行所が設置される過程で

横浜開港にともない幕府は横浜での行政機構を整備した。幕府が、五人の外国奉行に神奈川奉行の兼務を命じたのは安政六年（一八五九）六月四日で、これにより神奈川奉行という役職ができあがった。神奈川奉行の職務は大きく分けて二つあり、第一は外交事務であった。この業務は現在の神奈川県庁の所在地に置かれた運上所《うんじょうしょ》でおこなわれ、奉行は外国船の出入港手続き、貿易に関する取り締まり、貿易通貨の引き替え、外国人との応接事務を扱った。第二の業務は、開港場から少し離れた戸部《とべ》役所（現在の神奈川県立図書館付近）で扱われ、貢租の徴収、治安の維持、百姓・町人からの出願などがおこなわれた。また、神奈川奉行の支配地は順次拡大したが、慶応三年（一八六七）には開港場を中心に支配地の村高は小さな大名クラスの一万石を超えた。専任の神奈川奉行が任命されたのは、万延元年（一八六〇）九月で、これ以後、二人の奉行が任命され明治維新までこの体制が続いた。

奉行所の役人には支配組頭・支配調役《しはいしらべやく》・支配調役並・支配定役《しはいさだめやく》などが置かれ、この下に浦賀奉行所と同様に同心が置かれたほか、「上番・下番」と呼ばれた足軽も配置された。一方、市街地での行政機構としては中心部に町会所《まちかいしょ》が設置され、奉行所の役人が常駐した。また、幕府から任命された二人（万延元年以降は三人）の惣年寄《そうどしより》と五人の町名主《まちなぬし》も会所に詰めることになった。惣年寄や町名主は武士ではなかったが分担して市街地の行政を担当し、住民からの請願や訴訟の受付、人別出入《にんべつでい》りの届けの処理や宗門帳《しゅうもんちょう》（戸籍）の管理、商人への土地の分配などをおこなった。これに加えて、神奈川奉行所が公布する触書《ふれがき》の伝達や道路や橋の修繕や管理も重要な業務であった。

ところで神奈川奉行所の役人には浦賀奉行所の与力や同心をつとめた人がいた。この点については、文久元年（一八六一）八月に神奈川宿の石崎源六が発行した奉行所の職員録（『黄金《こがね》花《はな》』、横浜開港資料館蔵）に記述がある。同書によれば神奈川奉行所の調役には、浦賀奉行所で与力をつとめた合原猪三郎《ごうはらいさぶろう》と小笠原甫三郎《すけさぶろう》がいた。また、定役《さだめやく》の斎藤壮之進《そうのしん》と今西宏蔵も浦賀奉行所の同心をつとめた人物であった。合原・斎藤・今西については住所が記され、合原は「野毛坂切通上《のげざかきりとおしうえ》」に、斎藤は「運上所表門前」に、今西は「野毛町」に住んだとある。これらの場所には幕府が奉行所の役宅を建てていたから、彼らは家族を連れて役宅に移住したと思われる。また、職務についても『黄金花』に簡単な記述があり、合原には「御運上所御役掛、弁天掛」と、斎藤には「訴訟所掛」と、今西は「御船掛」と記されている。

これらの職務がどのようなものであったのかについては分からないが、小笠原の職務についてはご子孫の家に伝来した資料（「小笠原家文書」）から概略を知ることができる。この資料は小笠原自身が記し、神奈川奉行所での職務の内容を略記している。資料によれば、小笠原は、イギリス公使のオールコックが文久元年三月に、イギリス船に乗って横浜から香港に行く際に、日本人の水先案内人を長崎まで乗船させる手配をおこなっている。また、イギリス軍艦の修理をおこなうために日本人の船大工を軍艦に派遣したことや横浜で死亡した外国人を増徳院の境内（外国人墓地）に埋葬する手配をおこなったとも記

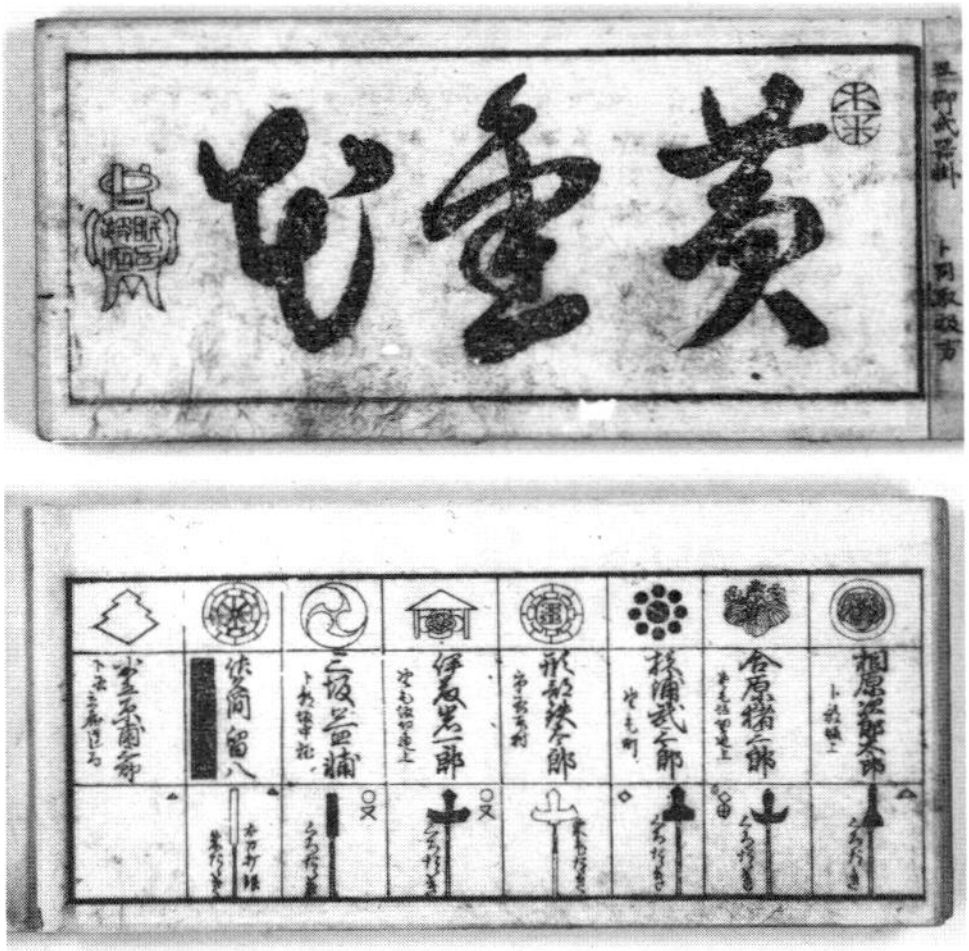

Ⅷ・2 『黄金花』 右から２人目に合原猪三郎、左端に小笠原甫三郎の名前がある。　横浜開港資料館所蔵

されている。もともと浦賀奉行所は外国との関係が深い役所であり、小笠原・合原・斎藤らは浦賀での経験などを評価され、神奈川奉行所での新たな人生をスタートさせたと言えそうである。

咸臨丸に乗ってアメリカに渡った人々

安政五年（一八五八）の日米修好通商条約締結の過程で、幕府は条約の批准をワシントンでおこなうことをハリスに提案した。幕府は幕臣をアメリカに派遣することによって彼らの見聞を広めさせようとしたのだが、ハリスはこの提案を承諾した。使節の陣容が決定したのは翌年秋のことで、一行はアメリカ軍艦のポーハタン号でアメリカに向かうことになった。また、使節団の随行艦として長崎海軍伝習所で学んだ人々が中心となって運航する咸臨丸《かんりんまる》をアメリカに派遣することも決定した。咸臨丸派遣の目的は、諸外国に対し日本人の航海技術を誇示すると同時に、幕府海軍の人々に西洋の海軍や造船の実態を見せることにあった。

このため、咸臨丸には軍艦奉行の木村喜毅《よしたけ》と軍艦操練所教授方頭取の勝海舟を筆頭に、軍艦操練所で教授方や教授方手伝をつとめる多くの人々が乗船した。浦賀奉行所関係者では与力の佐々倉桐太郎《とうたろう》、同心の浜口興右衛門《おきえもん》と山本金次郎、与力の弟であった岡田井蔵《せいぞう》が咸臨丸に乗った。また、鳳凰丸《ほうおうまる》の建造以来、浦賀奉行所と深い関係があった塩飽《しわく》諸島の船乗りや船大工の鈴木長吉も咸臨丸の乗組員に任命された。咸臨丸が品川を出港したのは万延元年（一八六〇）一月十三日午後で、横浜に寄港した後、十五日夕方には浦賀に到着した。浦賀の出港は十九日で、サンフランシスコ到着は二月二十七日であったから約一ヶ月の航海であった。（なお、咸臨丸はアメリカに向かう際に日付変更線を越えたため、通過後のできごとについては日付を変更して記述する必要がある。しかし、乗組員が日付を変更して日記などを記していないため、ここでの記述では日付を変えていない）。

残念ながら佐々倉・浜口・山本・岡田が記した記録は残っていない。しかし、佐々倉らと一緒にアメリカに渡った福沢諭吉の自伝（『福翁自傳』）にアメリカでの様子を記した箇所があり、ここではその部分を紹介したい。まずサンフランシスコのホテルでは床に敷き詰められた絨毯について「日本では紙入れや煙草入れにするような高級な布を床に敷き詰め、その上を靴のまま歩いていること」に驚く日本人の姿が紹介されている。また、木村が三月十一日にサンフランシスコに住むオランダ人の家を訪問した際に、接待に「亭主」（夫）ではなく「内儀」（妻）が出てくることを「日本とは逆である」と述べている。この時、出された料理は「豚の子の丸煮」であり、木村が肉を食べるオランダ人に「膽《きも》を潰した」と記している。

咸臨丸がサンフランシスコを出港したのは閏三月十九日で、四月四日にはハワイのホノルル港に寄港した。ハワイでの様子については、火焚小頭《ひたきこがしら》の嘉八が記した「異国の言の葉」（『万延元年、遣米使節史料集成』第四巻、風間書房）に記述がある。同書によれば、乗組員は現地の人々や産物を詳しく観察したようで、女性については「色が黒く、更紗《さらさ》染めの着物を着し、首に大きな赤白の首輪を掛けている」と記している。また、一年中、西瓜・琉球芋・菜芋が収穫でき、トビウオが多く捕れるとある。同書にはハワイの王宮の様子も記され、咸臨丸の乗組員がハワイでも見聞を広めたことが分かる。咸臨丸の浦賀への帰港は五月五日であり、翌日には品川に帰着したが、アメリカの国力を間近に見聞した浦賀奉行所の人々は日本の近代化が急務であることを実感したに違いない。

桜田門外の変と「海の関所」

横浜開港後、新設された神奈川奉行所は外交の窓口となり、浦賀奉行所が持っていた異国船との交渉という役割は神奈川奉行所に引き継がれた。しかし、浦賀奉行所の「海の関所」とし

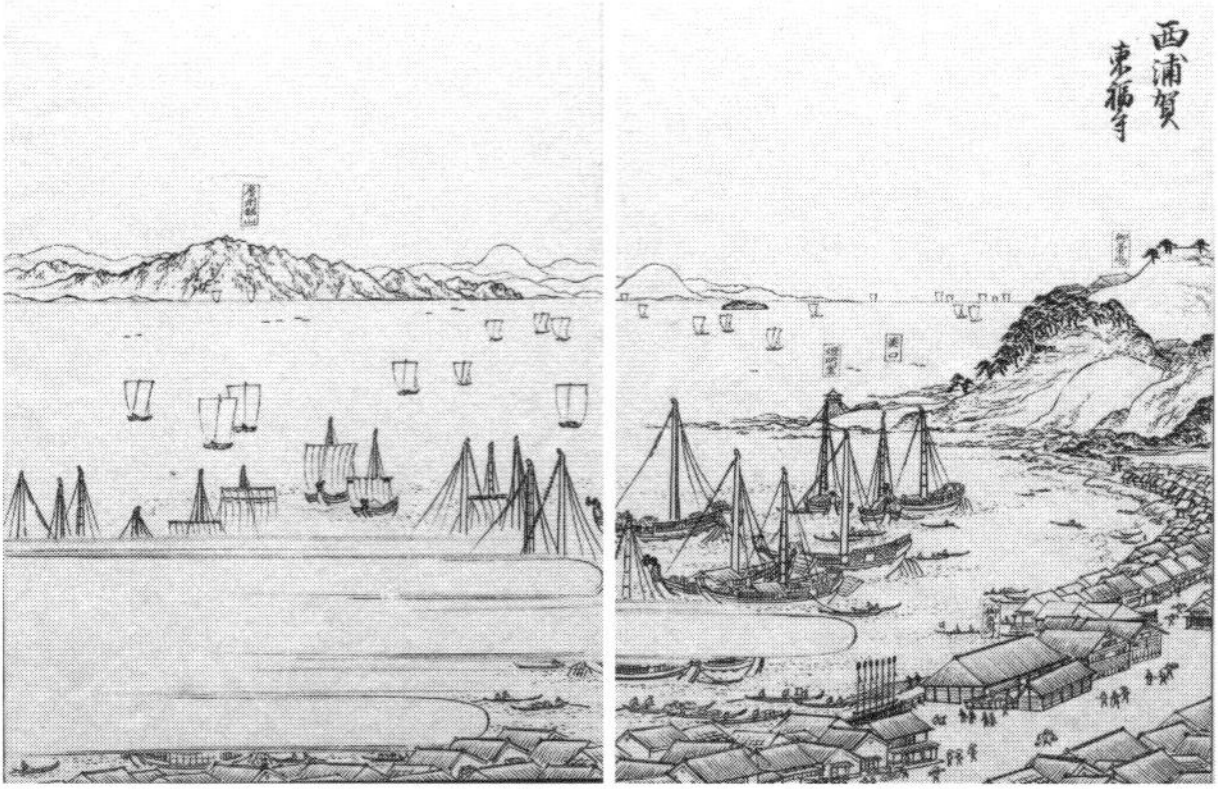

Ⅷ・3　西浦賀　対岸の山は房総半島である。『相中留恩記略』より　国立公文書館所蔵

ての機能は、政局の混乱が進む過程でも浦賀奉行所の重要な役割としておこなわれ続けた。たとえば、万延元年（一八六〇）三月三日に、大老の井伊直弼が江戸城桜田門外で、水戸脱藩士（水戸浪士）一七人と薩摩脱藩士一人に襲撃された事件（桜田門外の変）では、浦賀での警備の強化と水戸浪士がさまざまなルートを使って海を渡って東京湾に侵入することをどのように食い止めるかが協議された。このことについては横須賀史学研究会が編集した『浦賀書類（上）』に関係資料が収録され、この資料を読みながら事件後の浦賀の様子を眺めてみたい。

　資料によれば、幕府から浦賀奉行に警備の強化についての指示が到着したのは閏三月十四日のことであった。指示書には「大老を暗殺した水戸浪士の残党が江戸や横浜に向かったとの噂があり、陸路については既に手当がなされているが、海路についても警備を強化することになった」と記されていた。具体的には江戸や横浜に向かう船の臨検を強化することとなり、船に「便船人《びんせんにん》」（通常の乗組員以外の乗客）が乗っていないかが調査された。それぞれの船は出港地で船頭の名前やどこの船であるのかを記した書類を作成することが求められ、「便船人」がいる場合は書類に「便船人」の住所や名前を記すことになった。

こうして浦賀においては江戸や横浜方面に向かうすべての船の停船が命じられることになり、書類に記されたことと実際の乗船人との間に齟齬がないかが検査された。また、従来、漁船や魚を江戸に運ぶ船については廻船改めが免除されていたが、事件の勃発後は特例がなくなり、書類を持たないで沖合を航行する船の摘発がおこなわれた。摘発に際しては与力や同心が乗った番船が派遣され、番船は房総半島の沿岸まで行くことになった。三浦半島側では観音崎周辺に番船を数艘置き、船には「小筒《こづつ》」（鉄砲）が配備された。さらに、怪しい船が逃げ去り臨検ができなかった場合には、直ちに横浜や浦賀に配備された幕府軍艦に注進することも決められた。この時期、浦賀に軍艦が常駐していたわけではなかったが、桜田門外の変をきっかけに、しばらくの間、何艘かの軍艦が配備されたのかもしれない。

生麦事件の波紋

文久二年（一八六二）八月二十一日午後三時頃、江戸から京に向けて東海道を通行中の島津久光（薩摩藩主の父）の行列を生麦《なまむぎ》村で馬に乗って乱したイギリス人四人が、薩摩藩士に「無礼討ち」に遭い、一人が死亡し、二人が負傷する事件（生麦事件）が発生した。殺害されたのは上海から日本見物に来ていたチャールズ・レノックス・リチャードソンで、負傷したのは友人のウッドソープ・チャールズ・クラークとウイリアム・マーシャルであった。事件発生後、イギリスは犯人の処罰と賠償金の支払いを要求し、事件は大きな外交問題に発展した。

イギリス代理公使のニールが生麦事件の処理に関するイギリス政府の訓令を受け取ったのは文久三年（一八六三）一月二十五日で、訓令は幕府に対して暴行への謝罪と賠償金を、薩摩藩に対して賠償金と犯人の処刑を求めていた。訓令が幕府に伝えられたのは二月十九日で、ニールは八隻のイギリス軍艦が横浜に来航するのを待ち、要求書を幕府に提出した。これに対し、幕府は要求書の回答期限の延長を繰り返し主張し、交渉は暗礁に乗り上げた。幕府は容易に回答できない理由として、賠償金を支払えば各地で攘夷派による内乱が発生する可能性があることをあげたが、このことは幕府が攘夷派をコントロールできないことを内外に知らせることになった。これに対しニールは、四月二十二日に外国奉行菊池隆吉《たかよし》らと会談し、これ以上、期限の延長がおこなわれるならば開戦も辞さないことを伝えた。

こうした状況下で東京湾の軍事拠点のひとつであった浦賀では着々と開戦に向けて準備が進められた。同心をつとめた臼井家に伝来した記録（横須賀史学研究会編『浦賀奉行所史料』）によれば、三月六日に老中は、翌々日以降に戦端が開かれる可能性があることを浦賀奉行に伝えている。これに対し奉行所では各台場へ与力や同心を配備し、明神崎《みょうじんざき》台場（東浦賀）へは与力の合原操蔵《ごうはらそうぞう》を差図役として四二人を、西浦賀の見魚崎台場には与力の細淵新之丞《しんのじょう》を差図役に五三人を、同じく西浦賀の亀甲岸台場には与力の岡田増太郎を差図役に三七人を配置した。また、開戦に備えて同心の妻子や父母などの疎開も進められ、役知《やくち》の村々の寺院への引っ越しがおこなわれた。さらに、浦賀町の住民に対しても老人や病人の疎開が命じられ、家財などを海岸から離れた場所へ運び出す者もいたという。

その後、幕府は五月三日にイギリスへの賠償金の一部分を支払うことを通告したが、この約束も履行されず、再び開戦の危機が高まった。最終的に賠償金問題は、五月九日に老中格の小笠原長行《ながみち》が四四万ドルの賠償金を横浜のイギリス公使館に運び込んだことによって解決したが、これ迄の間、浦賀は著しい緊張感に包まれた。一方、イギリスとの武力衝突の危機を経験した浦賀奉行の大久保忠董《ただとう》は危機感を強め、奉行所が管轄する台場の新設を計画するようになった。その結果、新造の台場は浦賀湊に隣接する館浦《やかたうら》に築造されることになり、軍艦操練所の教授方の任務を解かれた中島三郎助《さぶろうすけ》や佐々倉桐太郎、一時期、下田奉行所の与力をつとめた合原操蔵らが台場の建造や大砲の鋳造にあたることになった。台場の完成は元治元年（一八六四）で、台場には新造された青銅製の八〇ポンド榴《りゅう》カノン砲二挺《ちょう》、六〇ポンド榴カノン砲二挺、二四ポンド長カノン砲四挺が置かれたほか、明神崎台場や鳳凰丸から大砲が移された。こうして新たに建造された館浦台場は、三浦半島の海防の拠点のひとつになった。

軍艦の寄港地としての浦賀湊

このように横浜開港後も浦賀は「海の関所」や海防の拠点としての役割を果たし続けたが、同時に浦賀は、東京湾が幕府海軍の拠点になるのにともない、重要な軍艦の寄港地のひとつになった。この点については神谷大介氏の研究（『幕末期軍事技術の基盤形成』岩田書院）に詳しい記述がある。同書によれば、安政四年（一八五七）以降、艦船の修復や必要物資の補給のために多くの軍艦が浦賀に寄港している。また、文久元年（一八六一）以降は、これまで幕府の支配が行き届かなかった小笠原諸島や伊豆国近海の島々の調査に赴く軍艦や幕府の要人を乗せた軍艦が浦賀に入港している。

この内、幕府の要人が軍艦を利用するようになったのは、文久二年（一八六二）冬以降のことで、朝廷が攘夷（西洋諸国を排撃すること）を幕府に求めるようになり、朝廷との連絡のため、要人が江戸と京を頻繁に往復するようになると、陸路よりも便利な軍艦を利用する者があらわれた。軍艦の利用を最初におこなったのは老中格の小笠原長行で、彼は文久二年十二月十六日に、イギリス商人から購入した順動丸に乗って品川を出港し大坂に向かった。その後、彼は一旦江戸に戻ったが、翌年五月二十五日には再び、朝陽丸に乗って品川から大坂に向かった。小笠原の場合は浦賀には立ち寄ってはいないが、この頃から要人の乗った軍艦が浦賀に寄港できる体制が整備されたと思われる。

たとえば、将軍後見職の徳川慶喜《よしのぶ》は、文久三年（一八六三）十月二十六日に、蟠龍丸《ばんりゅうまる》で江戸を出発し大坂に向かう途中で十一月六日に浦賀に立ち寄った。また、同年十二月二十八日には一四代将軍家茂《いえもち》が上洛の途中で翔鶴丸に乗って浦賀に入港し、建造途中の館浦台場で大砲の調練を視察した。さらに、この時、朝陽丸・千秋丸・蟠龍丸も供艦として浦賀に入港した。浦賀へ軍艦が入港した理由はいくつかあるが、要人を乗せた軍艦が浦賀に寄港したのは、天候の様子を見ることが理由のひとつであった。

たとえば、文久三年（一八六三）の将軍の上洛に際して、幕府は天候が悪化した際に緊急に入港すべき港を指定したが（『浦賀奉行所史料』）、東京湾内では浦賀が指定されている。浦賀以外の港では相模湾の網代《あじろ》（静岡県熱海市）、伊豆半島南端の下田（下田市）、駿河湾の清水（静岡市）、紀伊半島東岸に位置する鳥羽（三重県鳥羽市）と安乗《あのり》（志摩市）、紀伊半島南端の大島（和歌山県串本町）、紀伊半島西岸に位置する由良《ゆら》（由良町）などを見ることができ、各港はいずれも中世以来の廻船の拠点であり港としての機能を持っていた。おそらく軍艦はこうした港で天候の回復を待つと同時に、港で薪や水、食料などを補給できるようになったと思われる。

浦賀の場合は、咸臨丸が渡米した時の事例が知られているが、同船は太平洋に出る前に数日間浦賀に留まり、乗組員を交代で上陸させたほか、新鮮な野菜を購入している（木村喜毅著「奉使米利堅紀行」）。咸臨丸の乗組員であった福沢諭吉は、この時、浦賀の遊郭で痛飲し遊女の「うがい茶碗」を盗んだと『福翁自傳』に記しているが、浦賀は長い航海に出港する軍艦に物資を供給すると同時に、乗組員の遊興の場所にもなっていたのである。

蒸気船への石炭供給をめぐって

浦賀が軍艦の寄港地になるのにともない、この港で石炭の供給を受ける蒸気船も増加していったが、この点についても神谷大介氏が詳しい分析をおこなっている（神谷、前掲書）。神谷氏によれば、浦賀で石炭保管用の納屋二棟の建設が始まったのは文久三年（一八六三）七月のことであった。この時、浦賀奉行所では東浦賀村の幸保屋六兵衛・藤波屋助左衛門・樋口屋吉左衛門の地所約二六〇坪を借り上げ、ここを石炭置き場とすることを決めた。しかし、その後、軍艦奉行の木村喜毅らが浦賀へ移送する石炭の量を増加させることを浦賀奉行大久保忠董に通達し、急遽、東浦賀村の宮原屋次兵衛と宮原屋与次右衛門の地所約三九〇坪にも石炭置き場を造成することになった。

石炭置き場の完成時期は分からないが、神谷氏は、同年九月に木村と大久保が連名で老中水野忠精《ただきよ》らに石炭二〇〇万斤（一二〇〇トン、一斤は六〇〇グラム）の購入を願い出たとしているから、この頃に石炭置き場が完成したのかもしれない。また、神谷氏は、八月に木村と大久保が勘定奉行に対し、与力の中島三郎助と同心の浅野源四郎・土屋喜久助を「御軍艦《ごぐんかん》御《お》囲石《かこいせき》炭取扱《たんとりあつかい》御用掛《ごようがかり》」（石炭を管理する役職）に任命することを願い出たことを紹介し、この時期に石炭の管理体制が整ったことを明らかにした。さらに、八月十二日には、西浦賀村の商人紀伊国屋六兵衛と東浦賀村の商人樋口屋吉左衛門が奉行所に呼び出され、「石炭御用達」（石炭の購入と供給を扱う商人）に任命されたことを紹介している。

浦賀での蒸気船への石炭供給量についても神谷氏の研究に詳しいが、文久三年十二月から慶応三年（一八六七）二月までの二〇件で、総計二四七万三四〇〇斤（一四八四トン）の石炭が蒸気船に供給されている。石炭の産地は常磐炭田《じょうばんたんでん》（福島県いわき市）を中心とする東北地方であったが、代金は幕府が負担し、産地へは「石炭御用達」が送金したようである。

軍艦への具体的な石炭積み込みの様子については『相州三浦郡東浦賀村文書』第四巻（横須賀史学研究会編）に詳しい文書が収録されている。たとえば、元治元年（一八六四）九月八日に朝陽丸が四万斤（二四トン）の石炭を積み込んだ際には、「軍艦方」（軍艦奉行の配下）から朝陽丸が浦賀に入港することが伝達されている。また、通知には朝陽丸が水戸浪士鎮圧のために出動すること、四万斤の石炭が必要であることが略記された。石炭は石炭置き場から伝馬船《てんません》で沖に碇泊する軍艦に輸送されたが、その都度、船持ちへの輸送賃と人足への労賃が支払われた。このような石炭供給は元治元年にピークを迎え、その後は横浜や横須賀での供給体制の整備にともない減少したというが、幕末の浦賀は軍艦への石炭供給の面でも大きな役割を果たしていたようである。

横須賀製鉄所の建設

このように浦賀が軍港としてしての役割を強めていく中で、今度は横須賀村に製鉄所（造船所）を建設するという大きなプロジェクトが動き出した。幕府が海軍振興の基礎となる製鉄所の建設をフランスの協力で進めたいと考え始めたのは元治元年（一八六四）のことで、老中の水野忠精・阿部正外《まさとう》・諏訪忠誠《ただまさ》がフランス公使レオン・ロッシュに書簡を送ったのは同年十一月十日のことであった。依頼を受けたロッシュは、同年十一月二十六日にフランス艦隊司令長官ジョレスを横須賀に派遣し、幕府との協議の上、この地に製鉄所を建設することを決定した。同時にジョレスは製鉄所建設と運営を担当する造船技師としてパリの理工科大学の卒業生ヴェルニーを推薦し、彼の指導で製鉄所が建設されることになった。

ヴェルニーは元治元年当時二十八歳の青年で、数年前から中国でフランス海軍の軍艦建造に従事していた。ヴェルニーが始めて来日したのは慶応元年（一八六五）正月で、幕府との会見を終えたヴェルニーは一旦フランスに帰国し、日本から派遣された外国奉行の柴田剛中《たけなか》をフランス最大の軍港であるツーロンに置かれた造船所を案内するなど精力的に活動した。また、彼の部下として働く技師の雇い入れや横須賀で使用する工作機械の購入をおこなった。再来日は慶応二年（一八六六）四月二十五日で、これ以後、明治九年（一八七六）に帰国するまでの間、製鉄所の運営に力を注ぐことになった。一方、横須賀では慶応元年九月二十七日に製鉄所の起工式がおこなわれ、ヴェルニーが作成した製鉄所の設計図にもとづき、土地の造成や工場の建物の建設が進められた。

製鉄所が建設されたのは現在のアメリカ海軍横須賀基地中心部一帯で、工事は丘陵地帯約一一万坪を切り開き、この土石によって内浦《うちうら》・白仙《はくせん》・三賀保《みかほ》と呼ばれた三つの湾を埋め立てることから始まった。翌年からは造成地に石を敷き詰め、その上にフランス人技師の住居や工場の建物が建設されていった。秋にはフランス人技師約四〇名が横須賀に移住し、その家族も来日した。こうして浦賀の隣にフランス人居住区が作られていった。また、この頃から日本人伝習生の受け入れも始まり、フランス人技師による日本人への指導がおこなわれた。

慶応三年（一八六七）三月からはドックの建設工事も始まり、明治三年（一八七〇）には巨大なドックが完成した。幕府は製鉄所での洋式軍艦の製造を計画していたが、幕府倒壊までに横須賀で建造されたのは一〇馬力と三〇馬力（横須賀丸）の小さな船だけであった。しかし、横須賀製鉄所は明治時代になって横須賀造船所、さらには横須賀海軍工廠《こうしょう》と名称を変え、次々に日本を代表する軍艦を建造していくことになった。また、横須賀は軍艦の建造と海軍の拠点として日本を代表する都市に発展していった。横須賀は浦賀よりも造船所の規模がはるかに大きく、横須賀製鉄所の完成後、造船や艦船修理の機能は浦賀から横須賀にしだいに移り、浦賀で産声をあげた近代造船の歴史は横須賀へと引き継がれることになった。

横浜の旧家に残された記録

横浜の旧家堤真和家には、幕末の堤家当主の磯右衛門が記した横須賀製鉄所建設に関する古記録が伝来した。記録は現在、横浜開港資料館で閲覧することができるが、この記録は横須賀製鉄所建設の歴史を現在に伝える貴重な文化財である。堤家に記録が残されたのは、磯右衛門が土木業者として製鉄所の建設に携わったからであり、なかでも建設資材の調達に関する記録は大変珍しい。これらの記録については森田朋子氏の研究があり（「幕末維新期の建設請負業者」横浜開港資料館・横浜近世史研究会共編『日記が語る一九世紀の横浜』山川出版社、所収）、ここでは森田氏の研究を参考にしながら製鉄所建設の様子を紹介したい。

堤が製鉄所建設に関わったのは建設開始直後からで、当初から幕府勘定所用達をつとめる蔵田清右衛門の代人《だいにん》として工事を指揮している。蔵田は幕府から製鉄所建設工事を請け負った人物であり、代人というのは江戸深川に住む蔵田に代わって横須賀に常駐する人のことをいう。製鉄所工事では大工・木挽《こびき》・左官・石工・鳶・土方・建具職が組織されたが、堤が横須賀で率いた職人や労働者の人数は二〇〇名を超えたという。ちなみに、堤が蔵田のもとで働くことになったのは堤の出身地である磯子村（横浜市磯子区）が建築資材である石材（土丹岩《どたんがん》）の産地であり、堤は石材の切り出しを通じて江戸の土木業者や建築業者と関係を持つようになったと言われている。

堤家に伝来した古記録はかなりの数になるが、さまざまな台帳に加えてフランス人の住居の建設図面が多数含まれている。これは堤が建物建設を主におこなったからであり、図面からどのような建物が建造されたのかを具体的に知ることができる。また、建設資材については煉《れん》瓦《が》・火山灰・堅石《かたいし》・石灰石について用途や入手経路を記した台帳が残されている。台帳によれば、煉瓦は製鉄所で製造することが計画され、製造についての指導をフランス人技師に依頼している。原料としては現在の栃木県で産出される石灰と伊豆大島産の火山灰、伊豆半島で産出する白土を使用した。また、煉瓦の原料の火山灰はセメント（ベットン）の原料としても利用され、煉瓦と煉瓦を接合させることにも使われた。

一方、石材である堅石は現在の神奈川県西部の海岸地帯（根府川《ねぶかわ》や真鶴《まなづる》方面）から送られ、ドックの敷石や建物の土台などに使用された。石灰については慶応三年（一八六七）にフランス人技師が生産地である栃木県を視察し、現地で石灰を焼製し多摩川を開削して輸送する計画が立てられたが、経費がかさむため生石灰のまま横須賀に運んだという。そのほか、砂利や木材などが大量に運ばれたというが、いずれにしても横須賀製鉄所の建設は建築資材の調達をめぐって広い範囲に経済的な影響を与えた。また、製鉄所建設だけでなく、一九世紀に入って続けられた台場の建設によって、こうした地域の経済が大いに活性化したと言えそうである。

第Ⅸ章　浦賀奉行所の終焉と箱館戦争

治安の悪化と郷兵の設置

慶応元年（一八六五）前後になると政局の混乱は一気に進んだ。当時、幕府は長州藩との対立を深めており、慶応二年（一八六六）六月には長州藩に対し二度目の戦端を開いた。しかし、この戦争は長州藩の優勢のまま推移し、八月十六日には休戦を迎えた。また、一四代将軍の徳川家茂《いえもち》が七月二十日に大坂城で死去し、幕府は八月二十日に徳川慶喜《よしのぶ》を一五代将軍にすることを布告した。また、慶応二年正月には、薩摩藩の西郷隆盛と長州藩の木戸孝允《たかよし》が軍事同盟である薩長同盟を結び、これ以後、政局は両藩を中心に一気に倒幕へと向かうことになった。

一方、関東では元治元年（一八六四）三月に、水戸藩士を中心とした天狗党が筑波山に挙兵し、幕府に攘夷を促すための軍事行動を開始した。彼らは関東各地で諸藩の軍勢と戦闘を繰り広げ、最終的に同年十二月に鎮圧された。これに加えて慶応二年六月中旬には、関東西北部で十数万人の農民が参加した「武州一揆」と呼ばれる大規模な一揆が発生し、わずか一週間の間に米商人・質屋・地主・村役人など五〇〇軒以上が打ちこわされた。一揆勢の要求は米価の引き下げ、質地や質物の返還、施米《ほどこしまい》や施金《ほどこしきん》の実施などであったが、開港後の諸物価の騰貴や戦争に際しての兵糧米《ひょうろうまい》の買い占めによる米価の高騰に苦しむ人々の不満は一気に爆発した。

こうした状況下、慶応二年九月、浦賀奉行所では地域の治安を維持するために上層の農民や商人から「農兵」（郷兵《ごうへい》）を選んで軍隊を組織し、彼らに地域防衛の一翼を担わせることを計画し始めた。「農兵」の設置は関東各地でおこなわれたが、浦賀においても実施された。この時、作成された文書（慶応大学図書館蔵「浦賀史料」）によれば、全国各地で動乱（天狗党の乱、大和五条での代官所襲撃事件、生野《いくの》の変など）が発生していること、長州藩と幕府軍との戦争があったことが指摘され、浦賀のように諸国の廻船が入港する場所では特に警備を強化する必要があるとされた。具体的には二〇〇人の郷兵が奉行所の支配地から徴募されることになり、東浦賀と西浦賀からそれぞれ六二人、その他の地域から七六人を徴募することが計画された。

浦賀奉行土方勝敬《ひじかたかつよし》が老中に郷兵の設置についての伺書《うかがいがき》を提出したのは十月十八日で、土方は商人や富農からの献金で郷兵を運営するので設置を許可して欲しいと述べた。これに対し幕府は翌年三月二十二日に郷兵設置を許可し、翌月から徴募が始まった。『相州三浦郡東浦賀村、石井三郎兵衛文書』（横須賀史学研究会編）によれば郷兵設置が完了したのは六月のことで、小銃二〇〇挺《ちょう》を装備した二〇〇人の部隊が編成された。訓練にあたっては奉行所の与力・同心が指導し、郷兵となった農民や商人に苗字帯刀が許された。浦賀では郷兵の激しい訓練が恒常的におこなわれ、同時に献金によってゲーベルと呼ばれる歩兵銃が購入された。幸いなことに郷兵は明治維新に至るまで戦闘に投入されたことはなかったが、治安の悪化は浦賀の人々にも大きな影響を与え始めた。

浦賀町での「ええじゃないか」

慶応三年(一八六七)の夏から冬にかけて「ええじゃないか」が関東以西の各地で流行した。「ええじゃないか」とは、人々が歌詞に「ええじゃないか」のはやしを付けて集団で踊り歩いたことをいい、世の中の変革を求める人々が乱舞することによってエネルギーを爆発させたものと言われている。乱舞は伊勢神宮を始めとする神社の「お札」が天から降ったことをきっかけに始まり、人々は神による「世直し」を期待して狂喜乱舞し、地域によっては貧者への施しがおこなわれることもあった。はたして誰が「お札」を降らせたのかについては分からない点も多いが、人々が乱舞している間に幕府が倒壊し、新政権が樹立された。

「ええじゃないか」の初見は慶応三年七月中旬で、三河国で始まった騒動は陸路や海路を通じて各地に広がった。浦賀において「ええじゃないか」が発生したのは同年十月十七日で(嶋孝子「相模・武蔵国におけるええじゃないか」『法政史学』第四七号)、相模国ではもっとも早い事例であった。明治時代中期に編纂された「浦賀中興雑記」によれば、最初に浦賀町で「お札」が降ったのは西浦賀宮下町の湖幡屋で、同店の店先に置いてあった砂糖樽の中から伊勢神宮の「お札」が発見された。この後、浦賀町の各地で「お札降り」が始まり、十一月中旬から十二月上旬にかけて浦賀では「お札」が発見され続け「ええじゃないか」が繰り広げられた。

人々は新たに造った山車を引いて町々を踊り歩き、その様子は鎮守である叶神社の祭礼よりも賑やかだったと記されている。商家の中には数百両を町に寄進する者もあらわれ、最終的に浦賀では三、四万両の金が使われたと言われている。「お札」が降った家では往来を通行する人に酒を振る舞い、近在の酒好きは毎日のように浦賀で酒をご馳走になった。また、「お札」が降らなかった家では神罰を受けると言われ、「お札降り」を祈願するために裸体に水を浴び寺社に参拝する者もあらわれたという。また、浦賀近郊の大津村では、三十歳から五十歳の婦人が髪を切り男髷《おとこまげ》にして、半天に股引という出で立ちで歌を口ずさみながら神社を参拝した。さらに、「浦賀中興雑記」には、雪やあられが降る中を、腰にしめ縄を結びつけ、頭に白鉢巻きをした人々が、裸で一〇人、一五人のグループとなって、「六根清浄」と唱えながら踊っていたと記されている。はたして「ええじゃないか」を通じて人々がなにを求めたのかはわからないが、浦賀はこうした喧噪の中で新しい時代の幕開けを迎えたことになる。

戊辰戦争の勃発

一五代将軍徳川慶喜が朝廷に対し大政奉還（政権の返上）を願い出たのは慶応三年（一八六七）十月十四日で、慶喜は翌日に朝廷に参内し大政奉還を勅許された。次いで慶喜は十月二十四日に将軍職の辞職を願い出たが、将軍職の辞職後も外交権や警察権を手放さなかったため、完全な政権移譲を求める薩摩藩や長州藩と激しく対立した。両藩がクーデターを強行したのは十二月九日で、朝廷は幕府の廃絶を決定するとともに王政復古の大号令（天皇を中心とする政府の成立）を宣言した。

同日夜に開かれた小御所《こごしょ》会議（小御所は内裏にあった建物）では、慶喜に辞官・納地（政権から完全に身を引き、幕府支配地を朝廷に返納すること）を求めることが決定され、慶喜の孤立が決定的になった。当時の京は薩摩藩や長州藩を中心とする倒幕軍が掌握していたが、十二月中旬以降、大坂城を拠点とする幕府軍と京を拠点とする新政府軍との対立が深まっていった。京郊外の鳥羽・伏見で戦端が開かれたのは翌、明治元年一月三日で、戦いは新政府軍の勝利となった。こうして一月七日には朝廷が慶喜の追討を決め、最終的に幕府軍は賊軍となった。

慶喜が側近らとともに大坂城を脱出したのは一月六日で、大坂港から幕府軍艦開陽丸に乗って十二日に江戸城に帰着した。その後、幕府軍は急激に戦意を喪失し各地で敗戦を繰り返した。大坂に集結していた幕府軍は海路や陸路を使って江戸に逃げ帰ったが、この時、浦賀にも船に乗った幕府軍の兵士が到着したと伝えられる。有栖《ありす》川宮《がわのみや》熾仁親王《たるひとしんのう》が東征大総督に任命されたのは二月九日で、二月十三日には新政府軍の先発隊が名古屋まで着陣した。慶喜が江戸城から上野の寛永寺に退き謹慎したのは二月十二日で、四月十一日には江戸城が無血開城し新政府の管轄に置かれた。また、寛永寺で謹慎中の慶喜は江戸を退去して水戸に移った。一方、東海道沿いの地域も順次、新政府軍の支配下に置かれ、二月二十一日には伊豆・相模・武蔵の幕府領を支配した代官江川英武《ひでたけ》が新政府への恭順を表明し、これ以後、新政府軍が進軍する際の兵糧などの調達にあたった。また、横浜市金沢区を拠点とする小藩の金沢藩も新政府に恭順した。さらに、幕府支配の拠点であった奉行所も相次いで新政府に接収され、神奈川奉行所は四月二十日に、浦賀奉行所は閏四月十一日に新政府の管轄に入った。こう

IX・1　東海道を進む鳳輦（ほうれん）　明治元年（1868）、天皇は鳳輦に乗って京から東京に移った。『ル・モンド・イリュストレ』1869年2月20日号より　横浜開港資料館所蔵

して神奈川県東部では戦端が開かれることなく新たに新政府による支配が始まった。

新政府軍が横須賀製鉄所に

新政府が横浜裁判所（神奈川奉行所の業務を引き継いだ役所）の総督に東久世通禧《ひがしくぜみちとみ》を、同副総督に佐賀藩主の鍋島直大《なおひろ》を任命したのは、明治元年（一八六八）三月十九日で、彼らが横浜に到着したのは四月十六日であった。十八日には正副総督が横浜運上所に神奈川奉行の水野良之と依田盛克《よだもりかつ》を訪ね、両奉行に対し江戸に帰って新政府の指揮に従うことを命じた。二十日には正副総督と両奉行の間で事務引き継ぎがおこなわれ、翌二十一日に両奉行は江戸に向け出立した。こうして新政府は横浜を掌握し、横浜を拠点に現在の神奈川県東部地域での支配体制を作っていくことになった。

佐賀県立図書館が所蔵する「横浜御出張日記」（鍋島家文庫）によれば、佐賀藩は、四月二十四日に神奈川宿に置かれた神奈川台場を接収し、この頃から鍋島はフランスやアメリカの外国公館を訪問している。また、佐賀藩は、開港場周辺の番所や関門を接収し、藩士を配置した。さらに、横須賀製鉄所の建設に従事した堤磯右衛門の日記（横浜開港資料館保管「懐中《かいちゅう》覚《おぼえ》』）によれば、鎌倉では四月三日に佐賀藩が進駐し、建長寺や円覚寺に藩士を配置した。

横須賀製鉄所の接収がおこなわれたのは閏四月一日で、横浜からフランス軍艦に乗船した東久世と鍋島が横須賀に到着し、製鉄所奉行並の新藤鉊蔵《しょうぞう》から事務の引き継ぎを受けた。この結果、横須賀製鉄所は、これ以後、新政府の寺島宗則《むねのり》が管轄することになった。また、新政府はフランス公使のロッシュに、横須賀で従来通り製鉄所事業を継続したいと伝え、ロッシュはこれを了承した。しかし、その後も横須賀では反政府側と新政府とのトラブルがあったようで、堤が記した「懐中覚」には、七月二十二日に奥羽越列藩同盟の侍があらわれ横須賀で修理中の神速丸《しんそくまる》の引き渡しを求めたと記されている。

神速丸は旧幕府海軍に所属した運送船で、当時、横須賀製鉄所で修理中であったから（『横須賀海軍船廠史』）、これを知った旧幕府側が新政府への同船の譲渡を拒もうとしたと考えられる。その後、横須賀でどのような交渉がおこなわれたのかについて「懐中覚」は記していないが、神速丸は後述するように八月十九日に榎本艦隊の所属艦として仙台に向けて出港しているから、最終的に旧幕府海軍への所属が決まったようである。いずれにしても横須賀においても新政府と旧幕府側との腹の探り合いが繰り広げられたことは間違いない。

ところで、「懐中覚」には六月二十七日に製鉄所の構内において、日仏合同の祭礼がおこなわれたと記されている。この日は太陽暦の八月十五日にあたり、初代フランス皇帝のナポレオン一世の誕生日であった。そのため、フランス側からの申し出で祭礼が挙行された。祭礼では綱渡りや柱登り、競馬や相撲などの競技がおこなわれ、夜には花火が打ち上げられた。「懐中覚」には「フランス人と日本人が打ち混じり、さまざまな楽しい催しものがあった」と記されているが、国内に戦乱の嵐が吹き荒れる中、なにかほっとするようなエピソードである。

浦賀奉行所の接収

幕府の管轄してきた施設が次々に新政府に接収される中、現在の神奈川県東部で最後に接収されたのが浦賀奉行所であった。奉行所の接収については横須賀史学研究会が編纂した史料集である『浦賀書類（下）』に関係史料が収録されている。この史料によれば、浦賀奉行の土方勝敬が、新政府から横浜に呼び出されたのは閏四月三日であり、土方は与力の松村源八郎を同道して、押送船《おしおくりぶね》と呼ばれる快速艇で横浜に向かった。土方が浦賀に戻ったのは閏四月五日で、彼は近日中に奉行所が新政府に引き渡されることを与力や同心に通達した。また、与力や同心の内、これを機会に「暇乞い《いとまごい》」をしたいと考える者は申し出るようにと達した。十日には浦賀で廻船改めに従事してきた「三方問屋《さんぽうどんや》」と呼ばれた商人が奉行所を訪れ土方と対面し、「これまでの骨折りに対し感謝している」との言葉を賜った。

奉行所が新政府に引き渡されたのは十一日で、浦賀の感応院《かんのういん》を旅宿にしていた佐賀藩士が奉行所に出向いて土方との間で事務の引き継ぎがおこなわれた。この結果、奉行所・台場・火薬蔵などが新政府に引き渡されたほか、火薬や武器も佐賀藩に接収された。これらの業務を終えた土方は浦賀奉行所を出て西浦賀の常福寺に入り、この日をもって一五〇年近く続いた奉行所の歴史は幕を下ろした。土方を始め奉行所の与力や同心が浦賀を退去したのは十三日で、旧幕府所有の軍艦であった回天が浦賀に到着し、土方ら一三〇人は回天に乗船して江戸に向かった。

この時の様子は、明治元年（一八六八）閏四月二十二日に発行された「日々新聞《にちにちしんぶん》」に次のように記載されている。「浦賀御番所請取のため、鍋嶋家の人数、同所へ入り来たり。当月十二日、引き渡し相済み、地役人の内にて与力・同心とも七人あとに留まり、其余は残らず海陸より江戸へ帰りたり。右の内、海路を帰るもの百三十人。皆、回天艦に打ち乗りて浦賀を出帆す。その折、跡に残りたる女・子供、又は市中のもの共も別れを惜しみ、永年居付の役人に離るることの悲しとて皆海岸に立出で声をあげて泣くもあり、手を出して招くもありて、その有様いかにも哀れにて見るに忍びざりし由」。与力や同心の中には先祖代々浦賀に暮らした者も多く、浦賀の人々にとって彼らとの別れは辛いものであったようである。

江戸到着後の奉行所の人々の動向については高木文夫編『最後の浦賀奉行土方出雲守《いずものかみ》勝敬と旗本土方家文書（下）』に詳しいが、同書によれば与力や同心は築地海軍所（軍艦操練所の後身）に一旦身を置いたという。また、土方は江戸で六月下旬まで奉行職の残務整理をおこなったという。その後の人生については一様ではないが、すべての奉行所の人々が新しい時代の中でどのように生きていくのかを模索し始めたことは間違いない。

榎本艦隊の品川沖脱出

戊辰戦争が勃発した時、東京湾には多くの幕府海軍の軍艦が配備されていた。これに対し、新政府はすべての艦船の引き渡しを求めたが、交渉は容易に進まなかった。明治元年（一八六八）三月十三日におこなわれた勝海舟と西郷隆盛の会見においても、西郷がすべての軍艦の接収を求めたのに対し、勝は幕府が自主的に武装解除することを主張し、軍艦については徳川慶喜の最終的な処分が決まった後に、相当数の艦船を幕府側に残してから残りの艦船を新政府に引き渡すことを要求した。一方、幕府海軍を率いていた海軍副総裁の榎本武揚《えのもとたけあき》は、江戸城が無血開城した四月十一日夜、七艘の軍艦を率いて品川沖を脱走し、館山（千葉県）に向かった。榎本は、四月十七日に勝の説得を受け、艦隊を品川沖に戻したものの、その後も旧幕府海軍の艦船は榎本の指揮下に置かれた。

事態が動いたのは四月十九日で、新政府軍の東海道先鋒総督府から富士・翔鶴丸・観光丸・朝陽丸の四艦を渡せば、残りの艦船は榎本の管轄に残すことが伝えられた。榎本はこれを受け入れ、新鋭艦である開陽丸を始めとする大部分の艦船が榎本の指揮下に残されることになった。また、この頃、何人かの浦賀奉行所の与力や同心が榎本艦隊と行動をともにすることを決めたようである。

榎本が艦隊を率いて再び品川沖を脱出したのは八月十九日で、水戸で謹慎中の徳川慶喜が七月二十三日に清水（静岡県）に到着したことを見届けてからのことであった。榎本は江戸を去るにあたって勝に手紙を送ったが、その中で新政府が幕府を倒すにあたって「天下の世論」を尽くしていないと述べた。そのため、彼は、旧幕府側が軍事的な勢力を保ちながら新政府と対峙し、その過程で新しい日本のあり方を模索する必要があると主張した。

ところで、品川沖を脱出した榎本艦隊（開陽丸・回天・蟠龍丸《ばんりゅうまる》・千代田丸・長鯨丸《ちょうげいまる》・咸臨丸《かんりんまる》・神速丸・美加保丸）は、当面、新政府に対抗する仙台藩や米沢藩に協力する予定であった。

しかし、榎本艦隊が石巻（宮城県）に到着した時、既に東北地方での戦乱は終わりを迎えようとしていた。榎本が乗った開陽丸の石巻到着は八月二十六日で、千代田丸と神速丸の到着は九月五日であった。また、回天と蟠龍丸の到着は九月十八日であったが、この時、仙台藩は新政府に降伏していた。このため、榎本艦隊は帰るべき場所のない旧幕府側の人々とともに箱館に向かうことになった。仙台で榎本艦隊に乗船した人数は二五〇〇名以上に達し、その中には桑名藩主松平定敬《さだあき》、備中松山藩主板倉勝静《かつきよ》、唐津藩主世子小笠原長行《ながみち》、歩兵奉行松平太郎、歩兵奉行並大鳥圭介、新撰組副長土方歳三《ひじかたとしぞう》らが含まれていた。

その後、榎本は、仙台沖で幕府が仙台藩に貸与していた艦船を艦隊に加えるなど、艦隊の再編成をおこない、十月十三日に北海道に向けて出発した。この時、榎本が率いたのは開陽丸・回天・蟠龍丸・千代田丸・長鯨丸・神速丸・大江丸・鳳凰丸《ほうおうまる》・回春丸の九艘で、艦隊は宮古沖で石炭や食料を補給し、十月二十日に北海道の鷲ノ木《わしのき》村に到着した。榎本は北海道に向かうにあたって「旧幕府勢力で北海道を開拓し、北門の警備につきたい」と述べたが、新政府がこうした行動を認めるはずもなく、榎本とともに北海道にわたった浦賀奉行所の人々は最後の戦闘に向けて歩み始めることになった。

箱館に向かった浦賀奉行所の人々

榎本と行動をともにした浦賀奉行所の人々については、神谷大介氏の研究（神谷、前掲書）がある。同書によれば、浦賀奉行所の人々の内、箱館まで到着したのは、与力の中島三郎助《さぶろうすけ》とその次男の恒太郎《こうたろう》（長男は夭折）、三男の英次郎《ふさじろう》、与力の近藤彦吉と朝夷揵次郎《あさいけんじろう》、同心の柴田伸助・福西脩太郎《しゅうたろう》・柴田真一郎、与力や同心の子供であった朝夷三郎・佐々倉松太郎・直井友之助・平田銑吉郎《せんきちろう》の一二人であった。このほか、八月十九日に榎本艦隊が品川沖を脱出した際には、咸臨丸に同心の春山弁蔵と岩田平作、春山の弟の鉱平が乗船し、美加保丸には同心の中村時太郎が乗船していた。しかし、両艦は北に向かう途中で台風に遭い、咸臨丸は伊豆下田に漂着し、美加保丸は鹿島沖で座礁した。また、咸臨丸は下田漂着後に修理のため清水港（静岡県）に入港したが、九月十八日に、同港で新政府軍と戦い、春山兄弟は戦死し、岩田は捕虜になった。

ところで、榎本と行動をともにした人々の中には、かつて長崎海軍伝習所で学んだ人々とその家族を多く見ることができる。その人数は八人に達し、第一期伝習生と家族からは中島三郎助親子・岩田・春山・佐々倉が参加し、第三期伝習生からは朝夷と柴田が参加した。彼らがなぜ榎本と行動をともにしたのかについて書き残された記録は少ないが、中島三郎助は北海道に向かうにあたって、「出陣状」(中島義生編『中島三郎助文書』所収)と題された文書を残している。「出陣状」によれば、彼は第一に徳川家のご恩に報いるため(「主家報恩」)に出陣するとしている。中島家の場合は下田奉行所開設以来、与力として徳川家に仕えていたから、その恩に報いるというのである。第二に中島は、戊辰戦争が勃発した原因について触れ、薩摩藩や長州藩を中心とする勢力が朝廷に取り入り、幕府に「冤罪」を負わせたことが戦端を開かざるをえなかった理由としている。そのため、この「冤罪」を晴らさなければならないと述べている。

さらに、第三の理由として、中島自身について「海軍の芸術によって立身出世を遂げた」(鳳凰丸の建造以来、海軍士官として幕府に登用されたこと)と述べ、この恩についても報いたいとある。そこには幕府海軍の中核として、その近代化に大きな役割を果たした彼の強い自負心を見ることができる。中島は戦うことなく幕府海軍を新政府に引き渡すことはできないと考えたのであり、新政府と戦うことによって自らの存在を歴史に残そうとしたのであろう。

箱館戦争の行方

十月十三日に仙台沖を出発した榎本艦隊は、南部領宮古(岩手県宮古市)を経由して十月二十日に北海道鷲ノ木村（北海道森町）に到着した。この地は箱館から四〇キロメートル以上も離れており、村には新政府軍がいなかった。そのため、榎本軍は戦闘もなく上陸し、二手に分かれて箱館に進軍した。この時、中島ら浦賀奉行所の人々は開陽丸や蟠龍丸に乗船していたようであるが、誰がどの船に乗っていたのか全員については分かっていない。また、中島とともに鷲ノ木村に上陸した備中松山藩士の辻七郎左衛門は著書「艱難実録《かんなんじつろく》」（小林彰夫氏蔵、横浜開港資料館保管）の中で、鷲ノ木村の様子を「満眸《まんぼう》白雪皚々《がいがい》、寒風凜々《りんりん》、其上水辺に付、怒濤の音など実に堪えがたし」（見渡す限り雪の積もった大地が広がり、その上を寒風が吹き渡り、波の砕ける音が響き渡った）と記しているが、荒涼とした風景を中島たちはどのように感じたのであろうか。箱館への進軍を開始した榎本軍は海陸両面から箱館へ攻撃を加えたが、これに対し、箱館府知事の清水谷《しみずたに》は直ちに守備兵約一五〇〇名に防御を命じた。しかし、戦闘は榎本軍の圧倒的な勝利に終わり、箱館と五稜郭は榎本軍の手に落ちた。また、土方歳三の率いる一隊は松前福山城を攻撃し、十一月五日には城を陥落させ、十五日には江差《えさし》を制圧した。こうして榎本軍は十二月十五日に箱館政権の成立を宣言し、箱館政権の総裁に榎本武揚、副総裁に松平太郎、海軍奉行に荒井郁之助《いくのすけ》、陸軍奉行に大鳥圭介、陸軍奉行並に土方歳三、箱館奉行に永井尚志《なおゆき》、箱館奉行並に中島三郎助がそれぞれ就任した。

新政府軍が反撃を開始したのは、春まだ浅い三月九日で、この日、品川沖を出港した艦隊は一路寄港地の宮古に向かった。宮古に集結した艦隊は七艘で、この内、甲鉄艦ストン・ウォール号は日本最強の軍艦であった。また、艦隊集結の情報は直ちに榎本軍に伝えられ、箱館では連日軍議が開かれた。先手を取ったのは榎本軍で、榎本は宮古に停泊中の甲鉄艦を奪うために、三月二十日に回天や蟠龍丸などを宮古に派遣した。この攻撃は回天艦長の甲賀源吾《こうがげんご》が計画し、甲鉄艦に乗り込み船を奪おうとするものであった。また、榎本軍に従ったフランス軍事教官が作戦の指導にあたり、攻撃が成功すれば榎本軍が制海権を握ると言われていた。しかし、甲鉄艦への乗り組みには成功したものの、攻撃は失敗に終わり、榎本軍は箱館に引き上げた。

新政府軍の箱館攻撃が始まったのは四月六日で、青森に集結した艦隊は九日に乙部《おとべ》（北海道乙部町）に上陸した。この報に驚いた箱館市民は避難を開始し、外国人も続々と箱館を脱出したと言われている。新政府軍は二つの部隊に分かれて進軍し、松前攻略軍は江差を攻略し、十七日には松前城を陥落させた。箱館に向かった一隊は、矢不来《やふらい》と呼ばれる場所で榎本軍と戦闘に入り榎本軍を潰走させた。この時、五稜郭にいた榎本は直ちに救援に向かったが、この軍も総崩れを起こして五稜郭に退いた。こうして四月二十九日までに、新政府軍の勝利が確定した。この時期の箱館の様子を「艱難実録」は、「払暁《ふつぎょう》、官軍艦六艘、箱館沖へ見え、港へ発砲。

回天・蟠龍・千代田よりも発砲、台場よりも発砲に及び、終日、艦戦これあり。箱館所々へ弾丸参り、如何《いかん》とも勝敗決し候やもはかりがたし」と記しているが、戦闘は市街戦の様相を見せ始めたようである。

中島三郎助の決意

榎本艦隊に乗船した中島三郎助は家族に宛てて何通もの手紙を出したが、残された手紙が『中島三郎助文書』（中島義生編）に収められている。箱館に向かう途中での最初の手紙は明治元年（一八六八）十月十六日に宮古で記された妻宛のもので、数日中に箱館に向けて出港すると伝えている。手紙には榎本艦隊の美加保丸が鹿島沖で難破したことや浦賀奉行所の与力をつとめた小笠原甫三郎《すけさぶろう》の子供が越後（新潟県）で戦死したことが記されている。また、自分と次男・三男が戦死した場合には浦賀の菩提寺である東林寺に墓を作って欲しいと記し、小さく墓の絵を添えている。戦局がどのように推移するか分からない段階での覚悟を示したものであろうか。

次の手紙は十一月二十六日に箱館から妻に宛てたもので、無事に鷲ノ木村に上陸したことを伝えたものである。手紙には「箱館・江差・松前城下等、みなみな攻め取り申し候」と記し、次男の恒太郎が蟠龍丸に乗って戦闘に参加したことを記している。また、「来春には帰国して直接妻と話ができるかもしれない」と述べ、この手紙からは当初の戦闘で勝利したことによって将来への希望を持つようになったことをうかがうことができる。

三通目は、一月十五日に記されたもので、残してきた子供たちについて記したものである。次女の順《じゅん》についてては「いまだ縁談もこれなきや」と縁談の有無を尋ねている。三女の鐺《とう》についてては「商売をできるような人物を婿に取るのが良い」と意見を述べている。また、五女の六《ろく》と末の子である与曾八《よそはち》の成長を楽しみにしているとも記している。最後の戦闘を前にして子供たちのことを案じる中島の姿には暖かいものを感じる。その後、中島は何通もの手紙を家族に出しているが、三月三日の家族一同に宛てた手紙では、短刀を同封し与曾八への形見にすると記している。また、与曾八に対し「我が微意を継ぎて徳川家至大の御恩沢を忘却いたさず、往年忠勤をとぐべき」と記し、中島の意志を継いで徳川家の恩に報いて欲しいと述べている。

最終的に中島が浦賀奉行所の人々とともに千代ヶ岡《ちよおか》台場で戦死する覚悟を妻に伝えたのは四月四日のことで、「千代ヶ岡と申す処へ浦賀の者一同打ち寄せ、決戦の心得にこれあり」と述べている。また、手紙には「われもまた花のもとにとおもひしに、若葉のかげにきゆる命か」の歌が添えられた。この段階で榎本軍は制海権を維持することができなくなっており、補給もままならない状況であった。そのため中島は死地として千代ヶ岡台場を選び、浦賀奉行所の人々と立てこもった。

中島らが警備した千代ヶ岡台場は、五稜郭から南西に約一五〇〇メートルの位置にあり、もとは津軽藩が警備した台場であった。中島は三月に千代ヶ岡台場に入ったが、五月十六日の戦闘で、中島三郎助のほか、浦賀奉行所の関係者である中島恒太郎・中島英次郎・近藤彦吉・柴田伸助・福西脩太郎・朝夷三郎が台場で戦死した（神谷、前掲書）。この間、中島は頻繁に五稜郭に出向き榎本らと打ち合わせをおこなったが、降伏を求める者に対し中島は自らの降伏を拒否し続けた。中島の最後の手紙は五月七日のもので、西浦賀の廻船問屋の大黒屋儀兵衛《だいこくやぎへえ》と辰右衛門の両名に宛てたものである。大黒屋は中島の浦賀在住時代から親交があった人物で、中島は年来の懇情を謝すとともに、残されることになる留守家族の世話を依頼している。最後の戦闘を前にして中島の胸中を去来したものはなんだったのであろうか。

伯爵林董の回顧談から

明治四十二年（一九〇九）十一月十六日、箱館戦争で中島とともに戦った伯爵林董《はやしただす》は、東京で「箱館戦争実歴談」と題した講演（史談会主催、史談速記録第二〇三輯収録）をおこなった。講演は多岐にわたったが、かなりの部分が中島の思い出話で占められた。箱館戦争当時、林は十代後半の青年であったが、中島が浦賀奉行所の人々を率いて戦う姿は、彼の記憶に強烈な印象を残したようである。特に、榎本が中島に千代ヶ岡台場からの退却を求めたことに対し、千代ヶ岡台場を「私の死所と決めている」と答えたことについては、その潔さに感服したと述べている。また、林は、最後の戦いの直前の五月十五日に開かれた会議での発言が印象に残ったようで、その様子を次のように述べている。

「函館を取られて官軍が五稜郭へ迫ってきた時に将官の会議があって、どうしようかという相談があった。その時、降参説を唱えたのは中島である。是迄尽したらもう沢山だ。この中には若い人もあるし、まだ二千余の人もあるから、これから先やっていたら、どんなみっともないことができるか知らぬから、榎本だの大将分は軍門に降伏して皇裁を仰ぎ、ほかの者のために謝罪するがよろしいという軟派の説を取ったのは中島三郎助である。ところが硬派を唱えてあくまでやろうと言った者は後の始末がよろしくない。名前は言うことをはばかりますが、会議の時は大変愉快な論をして、こうなったら以上は刀の刃の続かん限りやって討死すると言った者がある。私は次の間で聞いて、その方を大変感心しておった。ところが中島は恭順説を唱えるので、榎本が、然らば老兄はどうするつもりあると聞いたら、私はもとより津軽陣屋を死場所としているからそれでよろしい。恭順説は私のための論でない。私以外の者のための論だと言ったから迚《とて》も話のまとまりようがなかった。」

林の記憶が確かであるならば、中島はこれ以上の戦闘は意味がないと思っていたようである。戦闘を続ければ、「どんなみっともないことができるか知らぬ」という言葉がどのような事態を想定していたのかは分からない。しかし、中島が自分と自らが指揮した浦賀奉行所関係者の戦死を決めるとともに、それ以外の人々には生き残ることを求めたことは間違いない。林の回顧談からこれ以上のことを知ることはできないが、中島は旧幕府軍の若者たちに次の時代を託したのかもしれない。

IX・2　中島三郎助の碑　この碑は函館市内の中島親子が戦死した付近に建てられている

明治時代を迎えて

中島らが戦死した翌日、榎本武揚と松平太郎は新政府軍の陸軍参謀黒田清隆と海軍参謀増田虎之助と会見し、榎本軍の無条件降伏が決定した。翌日には五稜郭が開城し、榎本軍約一〇〇〇名が降伏し、武装解除がおこなわれた。箱館戦争には多くの浦賀奉行所関係者が参戦したが、榎本軍の降伏によって彼らの旧幕府勢力の威信の回復という夢も終わりを迎えた。しかし、残された人々の中には明治政府に出仕し、次の時代を担った人々も多くいた。たとえば、中島と行動をともにすることが多かった与力の佐々倉桐太郎《とうたろう》は、明治四年（一八七一）に海軍兵学寮に出仕した。また、同心の岩田平作は明治五年に海軍省に出仕し、その後、横須賀造船所で働いた。同じく同心の浜口興右衛門《おきえもん》は明治三年（一八七〇）に横須賀製鉄所に勤務し、明治十九年（一八八八）には海軍省少技監に任命された。

一方、与力や同心の子供たちの中にも新政府に出仕した者が少なからずあり、与力の岡田増太郎の子であった井蔵《せいぞう》は明治三年に工部省に出仕し、最終的には明治十七年（一八八四）に横須賀造船所機械課工場長に任命された。また、与力の香山栄左衛門《かやまえいざえもん》の三男実造も明治十七年に横須賀造船所船渠掛《せんきよがかり》主任に任命されている。さらに、海軍将校の道を歩んだ者もあり、中島三郎助の末子の与曾八が海軍機関中将に、同心の山本金次郎の次男安治郎が連合艦隊機関長や海軍機関中将を歴任している。こうして浦賀奉行所の人々が担ってきた幕府海軍の伝統は、こうした人々によって明治時代に引き継がれた。

一方、彼らの活躍の舞台であった浦賀は、明治時代を迎えてやや寂れた感がある。三浦半島の郷土史を研究した加茂元善氏は明治四十二年（一九〇九）に脱稿した『浦賀志録』の中で、当時の浦賀の様子を「現今、浦賀ノ状況ヲ探クルニ甚ダシク寂寞トナリ、住民亦《また》不景気ヲ喞《かこ》チ、商業振ワズ往古ノ殷富《いんぷ》、地ニ落チタリト喃々《なんなんと》スル、人ノ口実ヲトスルニ、船渠会社ノ事業ノ欠乏、或ハ交通ノ不便、商取引ノ困難何レモ他力ノ観念ニ依頼シ、自力ノ活動ニ重キヲ措カザルノ不所存ニ帰スルニ似タリ、優美ナル港湾ヲ抱キ顕著ナル事蹟ヲ有シタル浦賀住民ガ如斯瘦思案ニ彷徨《かくのごとくしあんにそうしほうこう》スルハ、誠ニ痛痒《つうよう》ノ至リナラズヤ」と述べた。

明治元年（一八六八）の浦賀奉行所の閉鎖に加えて、明治五年には浦賀でおこなわれていた廻船改めも廃止された。また、和船から蒸気船へと交通手段が変わっていく中で、浦賀港へ入港する船も減少し、運輸や交通の拠点であった浦賀町の様相はしだいに変わっていった。また、明治二十九年（一八九六）には浦賀船渠が設立されたが、『浦賀志録』は船渠の経営も順調ではなかったと伝えている。現在の浦賀町も地方の小さな町に過ぎないが、かつて浦賀で近代日本の幕開けに大きな役割を果たした人々が暮らしていたことは記憶にとどめておきたい。

あとがき

有隣堂出版部から浦賀奉行所与力の中島三郎助に関する本を執筆して欲しいと頼まれたのは一昨年五月のことであった。しかし、中島については、既に多々良四郎氏の労作である『中島三郎助』があり、近年、木村紀八郎氏も『中島三郎助伝』（鳥影社）を著されていることから、これらの著作とは違った新しい内容の本は書きにくいのではないかとお答えした。その後、出版部は何度か私のところへ足を運ばれ、中島だけでなく浦賀奉行所を舞台に活躍した人々を加えても良いので執筆してもらいたいとのお話をいただいた。

私は『新横須賀市史』の専門委員を長く勤めさせていただき、浦賀に関する古記録に触れる機会が多かった。しかし、浦賀奉行所については専門に研究してきたわけではなく執筆にあたっては協力してくれる共著者が必要と考えていた。そのため、何人かの方にこの点について相談したが、最終的に共著者を探すことはできなかった。その結果、門外漢の私が浦賀奉行所について一人で執筆することになった。浦賀奉行所を専門に研究している方からは本書の内容に深みがないとお叱りを受けることがあるかもしれない。

地域の歴史は有名な人々の業績だけで作られるわけではなく、名もない人々の人生の積み重ねで作り上げられる。私はそうした名もない人々の人生をひとつひとつ紹介する形で歴史書を編むことができないかと考えてきたが、本書がそうした試みの成功例のひとつになっていればと思う。また、私は三〇年以上にわたって横浜の歴史資料保存施設に勤めてきたが、こうした施設は次の世代に歴史資料を伝える役割を持っている。浦賀奉行所の歴史を執筆するにあたっても、残された歴史資料をできうる限り紹介することに努めたが、本書が浦賀奉行所に関する歴史資料の普及と保存に役立ってくれればと思う。

執筆を通じて歴史資料を読み解くことは、過去の人々と親しく対話するようで楽しかった。また、浦賀はもとより奉行所の人々が活躍した函館にも足を運んだが、調査に同行していただいた仲間には深く感謝している。調査旅行は良い思い出として私の宝物になった。私は若い時から仲間とともに何冊かの本を有隣堂から刊行していただいたが、その過程で、本の編集の方法や読みやすい本にするための工夫などを勉強させていただいた。出版部の方の中にはすでに退職された方もいらっしゃるが、今回、本書を刊行させていただいたことも含めて出版部には感謝の言葉もない。また、私が勤務する公益財団法人横浜市ふるさと歴史財団の仲間たちにも感謝の言葉を伝えたいと思う。

二〇一五年三月　西川武臣

◆巻末資料

【浦賀奉行一覧】

No	奉行名	在任期間	知行高
1	堀利喬	享保五年（一七二〇）〜享保九年（一七二四）	三五〇〇石
2	妻木頼隆	享保九年（一七二四）〜享保十八年（一七三三）	三五〇〇石
3	一色直賢	享保十八年（一七三三）〜延享元年（一七四四）	三五〇〇石
4	青山賢直	延享元年（一七四四）〜宝暦四年（一七五四）	三〇〇〇石
5	興津忠通	宝暦四年（一七五四）〜宝暦七年（一七五七）	二二〇〇石
6	久永政温	宝暦七年（一七五七）〜明和四年（一七六七）	四〇〇〇石
7	松平定篤	明和四年（一七六七）〜安永三年（一七七四）	一五〇〇石
8	久世広民	安永三年（一七七四）〜安永四年（一七七五）	三〇〇〇石
9	林忠篤	安永四年（一七七五）〜天明元年（一七八一）	三〇〇〇石
10	久世広業	天明元年（一七八一）〜天明七年（一七八七）	五〇〇〇石
11	初鹿野信興	天明七年（一七八七）〜天明八年（一七八八）	一二〇〇石
12	仙石政寅	天明八年（一七八八）〜寛政九年（一七九七）	二七〇〇石
13	山本茂孫	寛政九年（一七九七）〜寛政十年（一七九八）	一〇〇〇石
14	秋元保明	寛政十年（一七九八）〜寛政十二年（一八〇〇）	四五〇〇石
15	水野忠良	寛政十二年（一八〇〇）〜享和三年（一八〇三）	二五〇〇石

16	仙石久功	享和三年（一八〇三）	～文化二年（一八〇五）	四七〇〇石
17	酒井忠頼	文化二年（一八〇五）	～文化三年（一八〇六）	三〇〇〇石
18	一柳直郷	文化三年（一八〇六）	～文化四年（一八〇七）	五〇〇〇石
19	岩本正倫	文化四年（一八〇七）	～文化八年（一八一一）	二〇〇〇石
20	佐藤信顕	文化八年（一八一一）	～文化十年（一八一三）	三二〇〇石
21	内藤正弘	文化十年（一八一三）	～文政五年（一八二二）	五七〇〇石
22	筑紫孝門	文政二年（一八一九）	～文政四年（一八二一）	三〇〇〇石
23	小笠原長休	文政四年（一八二一）	～文政八年（一八二五）	五〇〇〇石
24	内藤忠恒	文政五年（一八二二）	～天保二年（一八三一）	五〇〇〇石
25	勝田元寿	文政八年（一八二五）	～文政十年（一八二七）	三〇〇〇石
26	大久保忠学	文政十年（一八二七）	～天保元年（一八三〇）	六〇〇〇石
27	渡辺輝綱	天保元年（一八三〇）	～天保七年（一八三六）	三一〇〇石
28	秋田秀穀	天保二年（一八三一）	～天保八年（一八三七）	五〇〇〇石
29	太田資統	天保七年（一八三六）	～天保十年（一八三九）	三〇〇〇石
30	池田頼方	天保八年（一八三七）	～天保十二年（一八四一）	三〇〇〇石
31	伊沢政義	天保十年（一八三九）	～天保十三年（一八四二）	三二五〇石
32	坪内定保	天保十二年（一八四一）	～天保十四年（一八四三）	五五三三石
33	小笠原長穀	天保十三年（一八四二）	～天保十三年（一八四二）	五〇〇〇石
34	遠山景高	天保十四年（一八四三）	～弘化元年（一八四四）	六五三二石
35	土岐頼旨	弘化元年（一八四四）	～弘化二年（一八四五）	三五〇〇石

No	奉行名	在任期間	知行高
36	田中勝行	弘化元年（一八四四）〜弘化元年（一八四四）	一〇六二石
37	大久保忠豊	弘化元年（一八四四）〜弘化四年（一八四七）	五〇〇〇石
38	一柳直方	弘化二年（一八四五）〜弘化四年（一八四七）	五〇〇〇石
39	戸田氏栄	弘化四年（一八四七）〜安政元年（一八五四）	五〇〇石
40	浅野長祚	弘化四年（一八四七）〜嘉永五年（一八五二）	三五〇〇石
41	水野忠篤	嘉永五年（一八五二）〜嘉永六年（一八五三）	四〇〇石
42	井戸弘道	嘉永六年（一八五三）〜嘉永六年（一八五三）	五〇〇石
43	伊沢政義	嘉永六年（一八五三）〜安政元年（一八五四）	三二五〇石
44	松平信武	安政元年（一八五四）〜安政三年（一八五六）	四〇〇〇石
45	土岐朝昌	安政元年（一八五四）〜安政四年（一八五七）	七〇〇〇石
46	溝口直清	安政三年（一八五六）〜安政六年（一八五九）	五〇〇〇石
47	小笠原長常	安政四年（一八五七）〜安政五年（一八五八）	三〇〇〇石
48	坂井政輝	安政五年（一八五八）〜文久二年（一八六二）	八〇〇石
49	小笠原長儀	安政六年（一八五九）〜万延元年（一八六〇）	四五〇〇石
50	渡辺孝綱	文久元年（一八六一）〜文久二年（一八六二）	三一〇〇石
51	大久保忠董	文久二年（一八六二）〜慶応元年（一八六五）	三五〇石
52	土方勝敬	元治元年（一八六四）〜明治元年（一八六八）	一五六二石

【ペリー来航直後の浦賀奉行所の奉行・与力・同心（嘉永六年）】

役職	名前
浦賀奉行	戸田氏栄・井戸弘道
支配組頭	辻茂右衛門
与力取締上席	香山栄左衛門
与力	中島三郎助・近藤良次・佐々倉桐太郎・田中信吾・松村宗右衛門・合原操蔵・樋田多々郎・飯塚久米・朝夷楗次郎・堀芳次郎・樋田隼之助・岡田増太郎・細倉虎五郎・高林丈左衛門・細渕新之丞・合原猪三郎・日高景太夫・加藤与四郎・朝夷権十郎・松村源八郎・田中廉太郎・元木謹吾
同心組頭	小原与次右衛門・岩田源十郎・土屋嘉兵衛・中村此右衛門・福西源兵衛
同心組頭見習	大久保到司・太田量兵衛・臼井進平
同心	中田佳太夫・土屋栄五郎・斉藤太郎助・柴田伸助・山崎久蔵・田浦三郎左衛門・福西道助・臼井藤十郎・浜口久左衛門・田中宗兵衛・横溝小一郎・菊池森之助・中村重太郎・田中半右衛門・臼井藤五郎・山本謙兵衛・土屋忠次郎・春山弁蔵・吉村弘衛門・浜口又右衛門・藤井清三郎・道家源右衛門・浜口誠一郎・福西雅次郎・山崎金兵衛・小原勇次郎・込山織之介・金沢友蔵・福西啓蔵・岩田平作・田中来助・

役職	名前
同心	山本金次郎・浅野勇之助・直井大八・小野甚蔵・河野四郎左衛門・今西兎蔵・藤井万吉・福西勝蔵・大久保針之助・金沢種米之助・中村市之丞・山本金太夫・飯田勝郎左衛門・秋山透・前田昌太郎・斉藤壮之進・春山鉱平・吉村順助・田浦福太郎・浅野源四郎・直井彦七・吉沢岡次郎・飯田敬之助・秋山安太郎・金沢元吉・土屋喜久助・後藤信八・寺田彦次郎・高津丑右衛門・渡辺文左衛門・中村補之助・岩田巳之助・臼井重松・柴田喜代蔵・吉村鉄太郎・浜口幸助・寺田正之助・込山信五郎・山本増五郎・坂井久之丞・太田常助・中田佐太郎・込山喜太郎・中田辰蔵・堀井七之助・土戸永四郎・寺田正之助・服部健蔵・福西良吉
紅毛通詞	堀達之助・立石得十郎
唐通詞	頴川若平

慶応義塾図書館蔵「浦賀史料」第三より作成

浦賀奉行所
平成二十七年三月三日　第一刷発行
著者　西川武臣

発行者――松信　裕
発行所――株式会社　有隣堂
本　社　横浜市中区伊勢佐木町一―四―一　郵便番号二三一―八六二三
出版部　横浜市戸塚区品濃町八八一―一六　郵便番号二四四―八五八五
電話〇四五―八二五―五五六三
印刷――図書印刷株式会社

ISBN978-4-89660-218-0 C0221
定価はカバーに表示してあります。
落丁・乱丁はお取り替えいたします。

デザイン原案＝村上善男

有隣新書刊行のことば

国土がせまく人口の多いわが国においては、近来、交通、情報伝達手段がめざましく発達したためもあって、地方の人々の中央志向の傾向がますます強まっている。その結果、特色ある地方文化は、急速に浸蝕され、文化の均質化がいちじるしく進みつつある。その及ぶところ、生活意識、生活様式のみにとどまらず、政治、経済、社会、文化などのすべての分野で中央集権化が進み、生活の基盤であるはずの地域社会における連帯感が日に日に薄れ、孤独感が深まって行く。われわれは、このような状況のもとでこそ、社会の基礎的単位であるコミュニティの果たすべき役割を再認識するとともに、豊かで多様性に富む地方文化の維持発展に努めたいと思う。

古来の相模、武蔵の地を占める神奈川県は、中世にあっては、鎌倉が幕府政治の中心地となり、近代においては、横浜が開港場として西洋文化の窓口となるなど、日本史の流れの中でかずかずのスポットライトを浴びた。

有隣新書は、これらの個々の歴史的事象や、人間と自然とのかかわり合い、ときには、現代の地域社会が直面しつつある諸問題をとりあげながらも、広く全国的視野、普遍的観点から、時流におもねることなく地道に考え直し、人知の新しい地平線を望もうとする読者に日々の糧を贈ることを目的として企画された。

古人も言った、「徳は孤ならず必ず隣有り」と。有隣堂の社名は、この聖賢の言葉に由来する。われわれは、著者と読者の間に新しい知的チャンネルの生まれることを信じて、この辞句を冠した新書を刊行する。

一九七六年七月十日　　有隣堂